JN033532

# シン・認知文法論入門

開拓社
言語・文化選書
97

# シン・認知文法論入門

イノベイティブ思考が明かす
英語と日本語

中野研一郎 著

開拓社

# は じ め に

　こんにちは。『シン・認知文法論入門──イノベイティブ思考が明かす英語と日本語──』[1]です。この本を手に取り，ページを開いていただきましたこと，お礼を申し上げます。こうしてこのページを開いてもらっているのは，みなさんがこの本と目を合わせてくださったからだと思います。

　さて，この本のタイトル『シン・認知文法論入門──イノベイティブ思考が明かす英語と日本語──』ですが，大学の英語学概論の授業での，ひとりの学生さんのコメントが元になっています。英語学概論の授業においては，学生さんはこの本と同じく「お題」を解いていきます。ある時，学生さんのひとりが，「無垢なハートで論理的に考えれば，小学生でも解ける問題だった」というコメントを残していました。なぜ「無垢なハートで論理的」という言葉が出たのかというと，筆者の中野が「お題に取り組むときは，これまでの常識を前提とせずに，無垢な心で只管論理的に考え抜いてください。それが物事の本質を捉えるイノベイティブ思考のコツです」と，学生さんに言い続けているからでした。

---

[1] お気付きのように「シン・認知文法論」という書名は，監督・特技監督 樋口真嗣氏，准監督・特技統括 尾上克郎氏，脚本・編集・総監督 庵野秀明氏等によって製作された「シン・ゴジラ」に倣っています。現況のコロナ禍やロシアによるウクライナ侵攻を目の当たりにするとき，「シン・ゴジラ」は人間社会が生み出している暴力や不条理を，初作の「ゴジラ」と同じく予言し，具現化していると思えるからです。「シン・ゴジラ」と同様，「シン」は「深」であり，また，「真」でありたいと思います。

ただ，「常識を前提とせず，無垢な心で論理的に考え抜く」というのは，言うほど簡単なことではないのです。

　書名が示す通り，実はこの本の目的は，認知文法論という学問分野への入門という形を介して，みなさんにイノベイティブな思考とはどのようなものであって，それをどうすれば身に付けられるのかを体感してもらうことにあります。つまり，この本を読む前と読み終えた後では，見える世界が異なること（パラダイム・シフト）を体感してもらうために，ぼくはみなさんの水先案内人役を務めたいと思っています。こうした意味で，この本は「認知文法論」の入門書というよりは，「構造主義論的思考法」の入門書と呼んだほうが良いかも知れないのです。読書ルールはたったひとつだけです。お題として提示されている言語現象を論理的に説明できたと自身で言えるまでは，筆者の解説及び著作を読まないようにしてもらうことです。このルールを守って論理的に考え抜いてもらえるならば，みなさんはこれまで想像もしていなかった次元へと足を踏み入れることになります。関西人としては，ここで「知らんけど」という科白を付け足したくなりますが，大丈夫，お約束します。きちんとこの本の流れに沿って思考してもらえるのならば，みなさんは必ずパラダイム・シフトを経験することになります。

# 目　　次

# 第 1 章

## 英語の ‘Adjective’ と日本語の「形容詞」は同じものなのか？

英語において形容詞は，'adjective' という名称の文法カテゴリ（範疇）になります。むしろ 英語の 'adjective' を，日本語においては「形容詞」と呼んでいると思ってください。それではまず，このページに「形容詞」の定義をご自身で書いていただけるでしょうか？ 図書館で借りた本などに対しては論外ですが，本を活かすためには自身で書き込みながら読み進めることも必要です。それでは，「形容詞」の定義を書いてみてください。

## 「形容詞」の定義

どうでしょう，書かれましたか？ 書くのが面倒臭く，手っ取り早く答えを知るために読み飛ばしたり，ページを捲（めく）ったりしていませんか？ ちょっと嫌なことを書きますが，もしあなたが「学ぶ」こととは，答えを知ってそれを覚えることだと思っておられるようでしたら，残念ながらあなたはイノベイティブ思考から最も遠くの地点にいることになります。断言できますが，決してあなたはイノベーター（革新者）には成れません。その理由は，あなたは「学び」を商取引という枠組みで捉えているからです。「学び」を商取引の枠組みで捉えているひとの科白（せりふ）は決まっています。

「これってテストに出るんですか？」，「テストで点数を取るための傾向と対策は何ですか？」，「勉強の仕方がわからないんですけど」，「これを覚えて何の役に立つのですか？」等です。

　こういった科白は，自身の「学修努力」を「貨幣」，テストの点数や成績等の「学修結果」を「商品」と捉える発想（パラダイム）から生まれています。「学修努力」が「貨幣」で「学修結果」が「商品」だと捉えている場合，次に続く発想はいかに「安く手に入れるか」になります。つまり，いかに少ない「努力」でいかに良い「結果（テストの点・成績）」が取れるか（アメリカ合衆国の前大統領の最も好きな言葉であった「取引（deal）」）が問題となるのです。「学修」が商取引のパラダイムで捉えられた場合，このパラダイム内での勝者は「学修者（消費者）」側になります。なぜならば，気に入らない場合「学修しなければ（買わなければ）良い」からです。商取引の発想による最強の学修者（消費者）行動は，学修者全員（消費者全員）で学修（購入）しないことです。この戦略，「学修してもらえない（買ってもらえない）」という戦略が採られると，「教える側（売り手側）」は「学修到達目標（価格）」を下げ続ける（ディスカウントし続ける）しかありません。かくして現在の教育現場は，果ての無いデフレスパイラルに落ち込んでいるのが現状です。果てのないディスカウント合戦が続き，入試科目は7科目から5科目に，5科目から3科目・2科目・1科目にまで減り，果てには入試の解答用紙に名前を書いて（場合によっては入試を受けなくても），入学金を納めさえすれば入学できる大学も現れます。また「TOEIC 対策──点数保証6ヶ月で450点以上，1年で650点以上」という文言が，このパラダイムにおいては有効な謳い文句になるでしょう。それが「TOEIC

対策── 点数保証 4 ヶ月で 500 点以上，10 ヶ月で 700 点以上」に変われば，さらに有効な謳い文句となるのです。「最安値（最小の学修努力）」での「物品購入（試験結果・単位）」という図式です。こうしたパラダイムに根差した日本の教育問題の本質は，内田樹氏の『下流志向〈学ばない子どもたち 働かない若者たち〉』や『街場の教育論』で詳しく述べられていますから，読んでおくととても面白いと思います。高校で大学受験クラスを担任していたとき，筆者はクラスの生徒たちとこうした著作を読む時間を設けていました。

　さて申し訳ないのですが，この本においては「学び」を商取引のパラダイムで捉えることはありません。筆者の中野は，みなさんと 'deal（取引）' する気がないのです。なぜならばこの本における「学び」とは，今見えている世界とは異なる世界が見える次元にまで，みなさんが飛翔すること（パラダイム・シフト）を指すからです。世界を俯瞰できる次元にまで，みなさんが登りきる案内をするのが筆者の役割となります。したがって，書いてみてくださいとお願いした場合，どのような形であっても実際に書いてもらわない限り，異なる次元へのみなさんの一歩を保証することができないのです。もう一度お願いします。「形容詞」の定義をまだ書かれておられない場合は，書いてみてください。

## 1.1.　「形容詞」の定義と事例

　ありがとうございました。おそらくみなさんは「形容詞とは，ひとや事物の性質・属性・状態を表すことば」等と書いてくれているのではないでしょうか？ 事実，日本を代表する辞書のひと

つ『大辞林』でも，「形容詞」は次のように定義されています。

### 「形容詞」

① 品詞の一。用言に属し，活用があり，終止形語尾が，口語では「い」，文語では「し」であるもの。事物の性質・状態または心情・感情などを表す。「早い」「楽しい」「あまねし」「うるわし」の類。活用は，口語では一種類であるが，文語にはク活用・シク活用の二種類がある。

② そのものの性質・状態・属性などを表す言葉。形容辞。

（『大辞林』三省堂 第3版）

　念のために，英英辞書に書かれている 'adjective' の定義も見ておきましょう。

### 'adjective'

The simplest definition of an adjective is that it is a word that describes or clarifies a noun. Adjectives describe nouns by giving some information about an object's size, shape, age, color, origin or material.

形容詞のもっとも簡単な定義は，形容詞とは名詞を叙述または説明する語である。形容詞はある対象の大きさ，形，年齢（数），色，発端または材質について情報を与えることで，名詞を叙述する。

（*YourDictionary* http://grammar.yourdictionary.com/parts-of-speech/adjectives/what-is-an-adjective.html）

　ほぼ同じような定義ですよね。何か気付かれた点がありました
か？ 特におかしいと思われる点がなければ，話を先に進めてみ
たいと思います。それではここでもう一つお願いなのですが，日
本語の「形容詞」と英語の 'adjective' を，たとえば「美しい—
beautiful」等のように対の形にして，15 対分書いていただける
でしょうか？ 英語については和英辞書を使っていただいてもよ
いので，書き出してみてください。

**日本語「形容詞」—英語 'adjective' の 15 対書出し**

|  |
|  |
|  |
|  |

きっと，

(1)　楽しい—happy，悲しい—sad，騒がしい—noisy，鬱陶
　　しい—gloomy，華々しい—glorious，可愛らしい—
　　lovely，寂しい—lonely，貧しい—poor，新しい—new，
　　古めかしい—old-fashioned，美しい—beautiful，勇まし
　　い—brave，凄まじい dreadful，羨ましい—be envious
　　of，望ましい—desirable，乏しい—scarce，浅ましい—
　　sordid，荒々しい—boisterous，初々しい—unspoiled，
　　恥ずかしい—be ashamed，神々しい—divine，女々しい
　　—unmanly，雄々しい—virile，待ち遠しい—wait impa-
　　tiently，厚かましい—shameless，優しい—gentle，青い

　　　　　　－blue，赤い－red，白い－white，黒い－black，長い－
　　　　　　long，短い－short，軽い－light，重い－heavy，寒い－
　　　　　　cold，暑い－hot，強い－powerful，弱い－feeble，広い
　　　　　　－broad，狭い－narrow，丸い－round，四角い－square，
　　　　　　高い－high，低い－low，甘い－sweet，綺麗（きれい）な－beauti-
　　　　　　ful，健康な－healthy，愉快な－pleasurable，尊大な－
　　　　　　arrogant，豊富な－abundant，賢明な－intelligent 等

が挙がっているのではないでしょうか？　ここでお題です。みな
さんが書かれた 15 対の「形容詞」－'adjective' と，筆者が思い
つくまま書き出した 50 対とを合わせて，そこから見抜けること
を次の余白に書き出してみてください。

**《見抜き①》**

<br>
<br>
<br>
<br>
<br>

## 1.2.　日本語「形容詞」の分類

　そうですね。筆者が挙げた日本語の「形容詞」の事例は，漢字
とひらがなの組合せになっていますが，日本語の「形容詞」は，
語末が「しい /shi・i/」で終わるものと，「い /i/」で終わるもの，
また「な /na/」で終わるものがあることが判ります。これに反し

て英語は，語末が子音＋y のパターンとか -ous または -ful のパターンにおいて，'adjective' である傾向を見ることができそうです。ただ日本語の場合のように，語末が必ず「（し）い・な」になるような形態的な強い統一性はなさそうです。ウィリアム・クロフト（William Croft）という言語学者は，日本語の「形容詞」が名詞を修飾したり，文の述部になったりすることを組み合わせて，次のような**意味地図**を作成しています。

図表 1：The semantic map for the Japanese Nominal, Nominal Adjective, and Adjectival construction（日本語の名詞構文・名容詞構文・形容詞構文の意味地図）

    —— Nominal construction（名詞構文）
    —— Nominal Adjective construction（名容詞構文）
    ----- Adjectival construction（形容詞構文）

（Croft（2001: 95），日本語表示と部分修正は筆者による）

「魅力的な」という語を 'pretty' で捉えているのかちょっと判らない点もあるのですが，見れば見るほど，なかなか鋭い洞察で作成されている表と思いませんか？　上の図表が表しているのは，

「本の・本だ」は言えるが，「*本な」[1] は言えないということです。同様に「平和の・平和な・平和だ」と「健康の・健康な・健康だ」は言えるが，「*平和い」・「*健康い」は言えないということです。「魅力的な・魅力的だ」は言えますが，「*魅力的い」は言えません。「温かな・温かだ・温かい」・「小さな・小さい」は言えますが，「*小さだ」は言えません。「安い」は言えますが，「*安な・*安だ」は言えません。残念ながら，この日本語の「名詞・形容詞」における意味の連続性を説明した図（「意味地図」）を作成しているのは，日本語を母語としない英語圏のウィリアム・クロフト（William Croft）という言語学者です。鋭いセンスと洞察力を持った類型論の学者だと思います。どうでしょう，みなさんはあまり不思議には思われませんか？　筆者は，「平和い*」・「健康い*」・「魅力的い*」・「小さだ*」・「安な*・安だ*」がなぜ言えないのか，考え込んでしまうのです。言えることよりも，言えないことの理由に惹かれるのです。

## 1.3.　英語 'Adjective（形容詞）' の分類

クロフトとは別に，ロバート・ディクソン（Robert M. W. Dixon）という学者は，形容詞を意味タイプによって次のように分類しています。

---

[1] 左上のアスタリスクは，非文または文法的に適格でないことを表しています。

図表2：意味タイプに従った 'adjective（形容詞）' の分類

1. DIMENSION （次元） 'big', 'small', 'tall', 'short', 'wide', 'deep', etc.

2. AGE（年数）'new', 'young', 'old', etc.'

3. VALUE （価値） 'good', 'bad', 'lovely', 'atrocious', 'perfect', 'proper (/real)', etc. (And also words such as 'odd', 'strange', 'curious', 'crucial', 'important', 'lucky')

4. COLOUR （色）'black', 'white', 'red', etc.

5. PHYSICAL PROPERTY （物理的特性） 'hard', 'soft', 'heavy', 'wet', 'rough', 'strong', 'clean', 'hot', 'sour', etc.

6. HUMAN PROPENSITY （人間的特性） 'jealous', 'happy', 'kind', 'clever', 'generous', 'cruel', 'proud', 'ashamed', 'eager', etc.

7. SPEED（速度）'fast', 'quick', 'slow', etc.

8. DIFFICULTY （困難度） 'easy', 'difficult', 'tough', 'hard', 'simple', etc.

9. SIMILARITY （類似度） 'like', 'unlike', 'similar', 'different (/strange)', 'other', etc.

10. QUALIFICATION （質的程度）'definite', 'true', 'probable', 'possible', 'likely', 'usual', 'normal', 'common', 'correct', 'appropriate', 'sensible', etc.

11. QUANTIFICATION （数・量度）'all (/whole)', 'many', 'some', 'few', 'only', 'enough', etc.

12. POSITION （位置付け） 'high', 'low', 'near', 'far /

distant', 'right', 'left (/ strange)', 'northern', etc.

13. CARDINAL NUMBERS（基数）(In some languages these constitute a separate word class.) And 'first', 'last' (together with other ordinal numbers).

(Dixon (2004: 3-5))

　ディクソンは 'adjective' という文法カテゴリを，意味タイプという基準によって分類しています。クロフトにしてもディクソンにしても，明快な論理を基に分析を行っているのは流石だと思います。ただ筆者は，この非常に良くできたクロフトによる日本語「形容詞」の意味地図には，決定的な誤謬があると考えているのです。また，ディクソンの意味タイプによる 'adjective' の分類も，日本語には妥当しないと考えているのです。どうでしょう，みなさんは何か感じられる点がありますか？

## 1.4.　日本語の「形容詞」は英語の 'Adjective' なのか

　実は筆者は，日本語の「形容詞」と呼ばれている文法カテゴリは，英語の 'adjective' と呼ばれている文法カテゴリに対して，互換性を有していないと考えているのです。簡単に言えば，日本語の「形容詞」と呼ばれているものは，英語の 'adjective' という品詞（word class）として捉えることはできないと考えているのです。逆も一緒です。英語の 'adjective' を日本語の「形容詞」として捉えることはできないと考えています。つまり，日本語でこれまで「形容詞」と呼ばれてきたものは，形容詞（'adjective'）ではないですよねと言っているのです。

　認知言語学を含んだ他の言語学の研究者たちには，「何を言っ
ているんだ君は，現に君は英語の‘adjective’の横に，日本語の
形容詞訳を付けているではないか」と言われてしまうでしょうね。
ある学会にも *The Research Design of Cognitive Linguistic Ty-
pology: Synchronic and Diachronic Analyses of the Emergence
Degrees of Modalized and Objectified Construals in Japanese
and English*[2]（「認知言語類型論の研究デザイン：日本語と英語におけ
る主体化・客体化の事態把握の創発程度の共時的・通時的分析」）とい
う論文を投稿したのですが，匿名査読者の評価はさんざんなもの
でした。彼・彼女等のコメントから透けて見えた，または，感じ
られたものは，研究領域が重なるにもかかわらず，彼・彼女等の
研究への言及がない不満，または，この論文を認めてしまうと
彼・彼女等の学問上の商売の否定に繋がるという怒りでした。逆
に学問上の利害関係のない大学研究論集の査読者（たぶん，哲
学・現代思想の専門家）の評価は，上記論考は国際学会誌に掲載
されるべき内容であり，大学の紀要に留めておいてはいけないと
いうコメントでした。不思議ですね。学者・研究者って本来は個
人の利害関係に囚われてはいけないはずなのですが，実際は学問
的事実よりも，自身の学術ビジネス上の利害を優先させているの
です。こういった状況ですから，「**英語の‘adjective’と日本語
の「形容詞」と呼ばれる文法カテゴリの間には，互換が成立しな
い**」という筆者の論への評価は，みなさん自身が自身の頭で行っ
てみてください。筆者は「**日本語の「形容詞」は英語の‘adjec-
tive（形容詞）’ではない**」と考えていますが，この論を否定する

---

　[2] Ken-ichiro Nakano（Website ttp:/omni-creation.jp/linguistics/01

合理的論拠が提示されれば，むしろ嬉しく感じると思います。なぜならば，学問の進歩は従来のパラダイムを否定し，新たなパラダイムを提示することから始まると考えているからです。筆者自身のちっぽけな自尊心よりも，そのダイナミズムとその先の世界のほうに興味があるからです。

　余談が長くなりましたが，先の問題を少し視点を変えて分析してみましょう。先ほどみなさんに挙げてもらった15の日本語の「形容詞」の事例と，筆者が挙げた50ほどの「形容詞」の事例をもう一度見てみましょう。日本語の「形容詞」は，語末が「しい /shi・i/」で終わるものと，「い /i/」で終わるものと，「な /na/」で終わるものがありました。それを基にして，さらに深い見抜きを試みてください。

《見抜き②》

何が見抜けましたか？　そうですね，語末「い /i/」の「形容詞」の多くは，「重い－軽い」，「暑い－寒い」等，対の関係を持って**事物の状態・性質・属性を表している**ようです。一方，語末「しい /shi・i/」の「形容詞」は，事物の状態・性質・属性を表すというよりは，「騒がしい・可愛らしい・羨ましい」等，**事物に対するひとの情意とか心的判断を表している**ようです（このよう

に，ある言語表現を分析し，もう一段上の次元で判断・評価する能力を「**メタ言語能力**」と呼びます。そしてこの「**メタ言語能力**」は「**イノベイティブ思考**」の土台でもあるのです)。

　事例の途中，筆者は「い /i/」で終わる色を入れていました。「黄色い」は中に色という文字が入るので「い /i/」で終わる色としていませんが，日本語において「い /i/」で終わる色は，どうやら赤と青と黒と白だと思われます。このことは何を意味するのでしょうか？　どうでしょう？　ここでも少し寄り道をしてみましょうか。

　奈良の明日香村にキトラ古墳というのがあって，そこには青龍・白虎・朱雀・玄武という神獣が描かれています。東西南北を神獣が掌るという世界観は朝鮮・中国の影響だと思いますが，それぞれ神獣名に青・白・朱（赤）・玄（黒）と，「い /i/」で終わる色の「形容詞」が入っていることは興味深いことだと思いませんか？　古代の日本において，色の概念は4色だったかも知れません。または，朝鮮・中国語から取り入れた色の概念が4色だったのかも知れません。ちょっと知っておいて良いと思うのは，色名の数は言語によって違いがあるということです。パプアニューギニアのダニ語では，色の名前は二つしかないそうです。だからと言ってダニ語を話す人たちが色の違いを区別できないわけではなく，心理学的なテストによって色の名前が無くとも，種々の色を区別していることが示されているようです。[3]

---

[3] エレノワ・ロッシュ (Eleanor Rosch) (1992) Francisco J. Varela, and Evan Thompson. *The Embodied Mind: Cognitive Science and Human Experience* New York: The MIT Press.

　もうひとつ見いだせたのは，語末「な /na/」の「形容詞」の存在でした。日本の学校文法では「健康である /de-aru/」と書いたりすることができることから，「形容動詞」とされています。「健康」という名詞に「だ /da/」とか「である /de-aru/」を付けているから「形容動詞」。随分矛盾した品詞名と思われませんか？　これに対して寺村秀夫という学者は，「ナ形容詞」と呼んだりしていました。[4]「ナ形容詞」という名称のほうがまだマシだと思いますが，不思議ではないですか？　一国の国語の文法において一番の基礎となる品詞が，上手く分類できていない事実が存在するのです。英語において 'adjective（形容詞）' と 'verb（動詞）' の区別がなされないなんてことはないですよね。

　再度寄り道しますが，日本語って，現在の学校文法の元になっている橋本進吉という学者による橋本文法以外に，山田孝雄という学者による山田文法，松下大三郎による松下文法，時枝誠記による時枝文法なんてものがあるのです。それ以外に，明治以前の国語学の流れにおいて国文法という文法観も存在していました。それぞれ特徴や異なりがある中で，日本では橋本文法が学校で教える文法の元として仮に選ばれているだけなのです。直観的に何かおかしいと感じませんか？　驚くべきことだと思うのですが，日本は自国語を説明しうる文法を，未だ見いだせていないのです。ただそれでは収拾と恰好がつかないので，先ほど述べた橋本進吉という学者が唱えた文法を，学校で教える仮の文法としているに過ぎないのです。

---

[4] 寺村秀夫（1982）『日本語のシンタクスと意味 I』くろしお出版。
　　寺村秀夫（1991）『日本語のシンタクスと意味 III』くろしお出版。

　話がいつも横道に逸（そ）れます（生徒も学生さんも，筆者の授業は横道に逸れた話のほうが面白いとは言ってくれます）が，語末「な /na/」の「形容詞」には，さらに見抜けることがあります。どうでしょうか，考えてみてください。

　そうですね，気がつかれましたか？　基本的に「**抽象名詞**」と呼ばれるものの後に「な /na/」が付くことで「ナ形容詞」と呼ばれるものができていました。ただ，「抽象名詞 + な /na/」のパターンだけが「ナ形容詞」を作っている訳ではありません。次の事例を見てみてください。

　　(2)　綺麗な，健康な，愉快な，尊大な，豊富な，賢明な，平
　　　　和な，簡単な，困難な，立派な，有名な，無駄な，静か
　　　　な，遥かな，豊かな，華やかな，涼やかな 等

　前半は，「綺麗・健康・愉快・尊大・豊富・賢明・平和・簡単・困難・立派・有名・無駄」といったように，漢字2字の抽象名詞に「な /na/」を付ける形で語形成がなされています。これは中国から仏教と併行して輸入した**抽象概念**を，日本語の中に取り込むために8世紀奈良時代以降「な /na/」を付ける工夫がなされたからと推察できます。

　ここで，「中国から仏教と併行して輸入した抽象概念を，日本語の中に取り込むために「な /na/」を付ける工夫がなされた」と書きましたが，何か気が付かれましたか？　もしあなたの知性が鋭ければ，古い日本語には「綺麗・健康・愉快・尊大・豊富・賢明・平和」等といった「**抽象名詞**」は無かったのかと思われたのではないでしょうか？　古い日本語，現代日本語の元となっている言語をここでは「**やまことば**」と呼んでおきますが，「やま

とことば」は「抽象名詞」を生み出せてはいないのです。どうして
そんなことが言えるのでしょうか？　試みに「綺麗・健康・愉
快・尊大・豊富・賢明・平和・簡単・困難・立派・有名・無駄」
を声に出して読んでみてください。気付かれましたか？　/kirei/・
/kenkou/・/yukai/・/sondai/・/hōfu/・/kenmei/・/heiwa/・/kan-
tan/・/kon-nan/・/rippa/・/yūmei/・/muda/。そうです，これら
はみな「**訓読み**」ではなく「**音読み**」される語なのです。「音読み」
されている語ということは，元々の日本語である「やまことば」
ではなく，「**漢語**」由来であると判断できます。つまり，日本語
の元である「やまことば」にとっては，これらの語は「外国語・
外来語」なのです。日本語って，なかなか気付きにくいのですが，
「ゲーム，オフィス，ドラマ，コミュニケーション，ディベート」
等とカタカナで外国語を取り込む以前に，大量の外国語を「音読
み」する漢語の在り方で取り込んでいるのですね。どうなんで
しょう，このような工夫で語彙を増大させている言語って，他で
もあるのでしょうか？　韓国語なんかは今では日本語と逆に，漢
字を捨ててハングル文字だけを使う方向へ変遷してしまいまし
た。**象形・表語文字**である漢字を捨てるということは，先祖が
代々積み上げてきた言語文化を捨てていることにならないので
しょうか？　どうなのでしょうね…

　さて，中国語から取り込んだ「抽象名詞」を「形容詞」に転化
することが可能であった理由は，もともと日本語にあった「静
か・遥か・豊か・華やか・涼やか」[5]という語に，「なり /na-ri/」・

---

　[5]「か /ka/」という音は，空間の出来を表しているのですが，興味がある場
合は筆者の『認知言語類型論原理』という本を読んでみてください。

「なる /na-ru/」という状態化及び持続化の語尾を付けることでの活用から，「な /na/」とする短縮用法も派生していたからだと思います。つまり，日本語古語の「なり /nari/」が「に /ni/」＋「あり /ari/」の合成語（/ni/＋/ari/ → **/nari/**）としてあり，その「なり /nari/」の連体形「なる /naru/」が「な /na/」へと音短縮されます。この「静かなる湖」・「遥かなる山並」が「静かな湖」・「遥かな山並」のように音短縮される経緯が，漢語由来の「抽象名詞」に「な /na/」を付けることも可能にしたと考えられるのです。

　どうでしょう，ここまでの事例を観察・分析するだけでも，随分多くのことが見抜けるように思えませんか？　筆者がみなさんに言語研究（その中でも認知文法論・認知言語類型論）を齧られることをお薦めする理由はここにあります。つまり言語，特に日本語って，日本人の誰の目の前にもありますよね。毎日，聞き・話し・読み・書く，誰からも隠されていないものだと思います。誰に対しても隠されていないにもかかわらず，それを改めて自身の頭で観察・分析すると，思いがけないものが次から次へと姿を現してきます。筆者は生徒たちや学生たちに授業の中で，「世の中で何でもないとされているものが，何でもなくなっている理由の後ろには，とんでもないものが隠されています。それを見抜くことに，学びの面白さの一つがあります」と話します。

## 1.5.　日本語「形容詞」の本質

　それでは，日本語の「形容詞」と呼ばれているものの最本質を，みなさんと一緒に再度見抜いてみましょう。これが見抜けたと

き，みなさんは嘗(かつ)ての「マトリックス」[6]という映画において，目
覚めた主人公ネオが見る世界を体験することになるかも知れませ
ん。ただし，みなさんがネオとして「マトリックス」の世界で覚
醒するためには，ブレイク・スルーが生じる時点まで自身で考え
抜くことが求められます。それが覚醒へ飛翔するための唯一のパ
スポートなのです。覚醒へ飛翔するためのこの唯一のパスポート
を，どうか投げ捨てないでくださいね。

## 1.5.1.　「しい /shi-i/ 形容詞」の本質

　これから英語の事例を幾つか挙げます。それに対して右側に日
本語訳を書くことで，見抜きを行ってみてください。

(3) a.　I'm glad / sad to hear the news. ⇔

　　b.　He is glad / sad to hear the news. ⇔

　　c.　He is gentle / cruel to others. ⇔

どうでしたか，日本語訳は次のようなものでしたでしょうか？

(4) a.　私はそのニュースを耳にして嬉しい／悲（哀）しい。
　　b.　*彼はそのニュースを耳にして嬉しい／悲（哀）しい。
　　c.　彼は他の人に優しい／厳しい（冷たい）。

　(4b) の日本語訳に関して，日本語の感覚が鋭敏なひとは，「彼
はそのニュースを耳にして嬉しそう（だ）／悲しそう（だ）」と訳
しているかも知れませんね。そうなのです，筆者が (4b) の日本

---

[6] ラナ・ウォシャウスキー (Lana Wachowski) and リリー・ウォシャウス
キー (Lilly Wachowski) (1999) 映画『マトリックス (The Matrix)』。

語訳としている「\*彼はそのニュースを耳にして嬉しい／悲（哀）しい」という文は，日本語の文法として適格ではないのです。日本語で「私は嬉しい／悲（哀）しい」は言えますが，「彼・彼女・あなた・彼ら・彼女ら・あなたがた」という 3 人称または 2 人称と呼ばれるものに対して，「嬉しい／悲（哀）しい」とは言えないのです。このことが理由で，みなさんは 3 人称とされる「彼」のとき，「嬉しそう／悲（哀）しそう」と「そう」を付けられたと思います。英語において 'He is glad/sad to hear the news.' という文は非文ではありません。'he' が 'she' や 'you' や 'they' 等に変わっても非文ではありません。なぜでしょう？ また日本語においては奇妙なことに，同じ「しい /shi-i/ 形容詞」であっても，「優しい／厳しい（冷たい）／貧しい／厚かましい」等は「彼・彼女・あなた・彼ら・彼女ら・あなたがた」に対して使うことができるのです。(4c) を見てください。「彼は他の人に優しい／厳しい（冷たい）」は不自然ではありませんね。不思議に思われませんか？ 恥ずかしいことなのかも知れませんが，最初筆者は日本語になぜそんな言語現象が生じるのか，よく判らなかったのです。なぜならばこの「悲（哀）しい」という「形容詞」に関しては，次のような事例も存在していたからです。

(5) a. キャンドルを暗くして　スローな曲がかかると …
　　　　かたちのない優しさ　それよりも見せかけの魅力を選んだ
　　　　OH! KAREN 誰より君を愛していた　心と知りながら捨てる
　　　　OH! KAREN 振られたぼくより哀しい　そうさ哀し

　　　　い女だね君は

　　　（「恋するカレン」曲・歌：大滝詠一，詞：松本隆，太字強
　　　　調筆者）

　b.　指に光る指環　そんな小さな宝石で　**未来ごと売り
　　　渡す君が哀しい**

　　　　（「硝子の少年」曲：山下達郎，詞：松本隆，太字強調筆者）

　一度聴いていただければ嬉しいのですが，どちらも松本隆の作
詞によって，大滝詠一及び KinKi Kids の代表曲となったもので
す。先ほど 2 人称・3 人称と呼ばれるものに対して「哀しい」を
用いることはできないと言いましたが，この歌詞における「**哀し
い女だね君は**」という表現に対しても，「**未来ごと売り渡す君が
哀しい**」という表現に対しても，違和感は生じません。ごく自然
にこの表現を受け入れ，これらの歌に込められている想いを受け
入れることができます。なぜでしょう？「＊君は哀しい」と言え
ないのに，「君は哀しい女」とか「君が哀しい」とか言えてしまう
のです。ここに，日本語で「形容詞」と呼ばれる品詞カテゴリの
最大の謎が存在しています。なぜ「＊君は哀しい」は通常言えな
いのに，この歌の中では「君は哀しい女」とか「君が哀しい」と
か言えてしまうのでしょうか？　このお題に答えてもらえたらと
思います。この段階で合理的な見抜きができたひとに，筆者から
お伝えすることはありません。あなたはすでにイノベーターと
言って良いと思います。自身を納得させられる合理的説明が見い
だせたならば，筆者が書く説明を読んでみてください。

22

《日本語の「しい /shi-i/ 形容詞」に対する見抜き③》

　いかがでしたか，見抜けましたでしょうか？ ブレイク・スルーを引き起こすための糸口はどこにあったでしょうか？

　ブレイク・スルーを引き起こすための糸口は，実は歌に歌われている「君」にありました。気が付きましたか？ この歌に歌われている「君」が誰なのかが判れば，「君は哀しい女」とか「君が哀しい」とか言えてしまう理由が説明できるのです。

　これらの歌に歌われている「君」は，現実の「君」ではありませんでした。現実の「君」は，この歌を歌う主人公を振って，「見せかけの魅力」や「宝石」を与えてくれる金持ちの男（？）へと乗り換えて，むしろハッピーなのかも知れません。つまり，この歌に歌われている「君」とは，歌を歌う主人公自身としての「君」なのです。ことばを換えるならば，歌を歌う主人公の心情としての「君」であり，主人公である歌い手と歌われている「君」との間に，**認識論的な区別や距離は存在しません**。主人公は愛していた彼女に心変わりされて，傷つき悲しんでいます。**主人公（歌い手）が傷つき悲しんでいる場合にのみ，「君は哀しい女」とか「君が哀しい」と言えるのです**。私たちは上記の歌を聴きながら，主人公である歌い手の感情を共有しています。したがって，**私たちが主人公（歌い手）の感情を共有して，私たち自身も主人公であ**

る歌い手の気持ちになっているからこそ，「君は哀しい女」とか「君が哀しい」という表現に違和感を覚えないのです。[7] 逆に主人公（歌い手・作者）が悲しくないとき，もしくは私たちが主人公（歌い手・作者）の悲しいという気持ちを共有していないとき，つまり主人公と同化していないとき，「君は哀しい」という表現は受け入れられないのです。

　「〜は騒がしい・鬱陶しい・可愛らしい・美しい・初々しい・厚かましい・優しい」や「〜が羨ましい・恥ずかしい・煩わしい」等の「しい /shi・i/」形容詞と呼ばれているものが，「あなた・彼・彼女」が対象になっても使える理由は，こうした表現が使われる際に対象である「あなた・彼・彼女」は，それまでに話者の内部・心情において，**主体化（認識論的距離を設けない様態で把捉）**された存在となっているからなのです。話者が「あなた・彼・彼女」と付き合う中で，「あなた・彼・彼女」はすでに話者の中で話者の心情を纏う存在になっており，話者の心情を纏う存在であるからこそ，「あなた・彼・彼女」に対して「〜は騒がしい・鬱陶しい・可愛らしい・美しい・初々しい・厚かましい・優しい」や「〜が羨ましい・恥ずかしい・煩わしい」等の表現が使えるのです。このことから何が言えるでしょうか？

---

　[7] 実はここに，日本語の文学，特に小説の秘密が存在しています。**日本語の小説においては，作者と主人公は言語論理として不可分な存在であり，読者は主人公（作者）の小説空間上の経験を追体験していくことになるのです。**このことを逆に言えば，日本語の小説って，日本語に翻訳された場合も同じなのですが，私小説というジャンルしか存在していないのです。ネットで炎上しそうですが，3 人称小説というのは，遠くは二葉亭四迷や森鷗外，夏目漱石，近くは大江健三郎や村上春樹等日本人小説家たちの，日本語でも 3 人称小説が書けるという希望に彩られた，幻想に過ぎないのです。

24

　日本語で情意を表しているとされる「しい /shi-i/ 形容詞」とは，結局，事物の客観的・客体的な性質・状態・属性を表してはいないのです。対象が話し手・歌い手の情意と同化する（「主体化」される）ことで生まれている品詞（文法カテゴリ）なのです。[8]認知言語学では，話し手・歌い手（聴き手もですが）等を「概念化者（conceptualizer）」もしくは「（認知）主体（subject）」と呼びます。そして，日本語の「しい /shi-i/ 形容詞」と呼ばれている文法カテゴリが生じる場合のように，「（認知）主体（subject）」と「対象（object）」とが，認識論[9]的に分離せずに一体として捉えられる認知のあり方を「主体化」[10]と呼ぶのです。

　ここから何が推定されるでしょうか？　二つありますね。一つ目は，日本語で「形容詞」と呼ばれているものは，事物の状態・性質・属性を客観的・客体的に表すものではないかも知れないという推定です。つまり，日本語の「形容詞」は英語で 'adjective（形容詞）' と呼ばれているものとは，まったく異なる品詞（文法カテゴリ）なのかも知れないのです。二つ目は，もし英語の 'ad-

---

　[8]　この創発理由によって，「形容詞」と呼ばれてきたものは日本語の国語学において元々は「用言」とカテゴライズされてきました。動詞と同じように活用を行う語という意味です。

　[9]『大辞林』第三版の解説によれば，「〖哲〗いかにして真正な認識が成り立つかを，認識の起源・本質・方法・限界などについて研究する哲学の一部門。認識の起源に関しては合理論と経験論が，認識の対象に関しては観念論と実在論が対立する。知識論」。なかなか難しいですので，ここでは「ひとの認識の在り方」の意としておきましょう。

　[10]　この現象に対して Langacker（ラネカー）という学者は subjectification という用語を充てていますが，筆者は「客観」という概念も「主観」の一部だと考えていますので，modalization（心態化・主体化）という用語を充てています。

jective' と日本語の「形容詞」が異なる文法カテゴリであるなら
ば，「時制 (tense の訳語)」とか「態 (voice の訳語)」とか呼ばれ
ている他の文法カテゴリも，日本語には妥当しないかも知れない
という推定です。こうした推定を確かめるために，残りの日本語
の「形容詞」，「い /i/ 形容詞」を見てみましょう。

### 1.5.2. 「い /i/ 形容詞」の本質

　「い /i/ 形容詞」とは，「明るい―暗い，浅い―深い，厚い―薄
い，安い―危ない，近い―遠い，遅い―速い，多い―少ない，重
い―軽い，白い―黒い，濃い―薄い・淡い，強い―弱い」等で，
多くは対の関係で事物の状態・性質・属性を表すとされていま
す。それでは，次の「い /i/ 形容詞」が用いられている簡単な日
本語文を，英語にしてみましょう。

　　(6)　今朝は少し肌寒い。

それほど難しくはなく，次のようになるでしょうか。

　　(7) a.　It is a little chilly this morning.
　　　　b.　I'm feeling a bit chilly this morning.

　さて，ここでお題です。見抜きとは何であるかだいぶコツを掴
んでいただけたと思いますので，上記 (6)(7) の事例から見抜
けるものを可能な限り書き出してください。

《見抜き④》

　それでは，やってみましょうか。まず，(6) の**「今日は少し肌寒い」という日本語文には「動詞」がない**ということです。意外でしょうか？　学校文法では，日本語のかなりの文が「動詞」を有していないという事実を教えません。しかし，「今日は少し肌寒い」という日本語文における「は /wa/」は助詞とされるもので，これは英語の「be 動詞 (be verb)」ではありません。また「寒い」という語は，「形容詞 (adjective)」とされてきましたから，これも「動詞 (verb)」ではありません。したがって，この「今日は少し肌寒い」という日本語文には「動詞」は存在しないのです。

　この「今日は少し肌寒い」という日本語文に「動詞」が存在しないという事実からの論理的帰結として，この日本語文には「主語 (subject)」と呼ばれている文法カテゴリも存在していません。なぜならば，「主語」という文法カテゴリが存在するためには，次のような前提が必要となるからです。

(8)　[The dog] chased [the cat].

　　　　S　　　V　　　O

English is SVO (Subject-Verb-Object), because the subject the dog in (9, 本書では 8) precedes the verb while the object the cat follows the verb.

（事例（9，本書では 8）において，主語の the dog が動詞に先行し，目的語の the cat が動詞に後続するために，英語はSVO（主語－動詞－目的語語順の言語）である。）

(Dryer (WALS Online 2022: Chapter 81))

　つまり「**主語**」というものは，「**自動詞 (intransitive verb)**」であっても「**他動詞 (transitive verb)**」であっても，「**動詞**」というものが文の中に**存在して初めて認められる文法カテゴリ**なのです。「動詞」のない文に「主語」という文法カテゴリを適用することはできません。不思議ですね。日本語には「主語」がない文が存在する。でも，ちょっと考えれば，これって当たり前です。だって，日本語には「動詞」が無い文が山ほどありますから。

(9)　A 「a. ただいま～」

　　　B 「b. おかえり，おそかったね。どうだった，きょうは？」

　　　A 「c. う～ん，いつもどおり，たいしたことないです。」

　　　B 「d. えのほうは？ ほんばん，もうすぐだよね。」

　　　A 「e. あさって，はんにゅうです。」

　　　B 「f. かいじょう，どこだっけ？」

　　　A 「g. まいばらこうこうです。」

　　　B 「h. まいばらか～。また，とおいとこが，かいじょうやね～ …。」

　　　A 「i. … おなかへりました。」

　　　B 「j. すぐできるし，て，あらったら，てつだってくれる？」

A 「(手を洗いながら) k. なにすればいいですか？」

B 「l. やさいきって，おにくと，ちゃちゃっといためたらできるから，てーぶるのうえ，ささっとかたづけてくれる？」

A 「m. おちゃわんも，はこべばいいですか？」

B 「n. うん，おはしと，おねがいね。とうさんにも，こえかけてくれる？」

A 「o. ちちうえは，しょさいですか？」

B 「p. ずっと，こもったきり。しめきりでおいこまれて，うなってるから，きをつけたほうがいいわよ」

A 「q. わかりました。じらい，ふまないようにします。」

（筆者の妻と息子の会話）

　上記の事例（9）の17発話からなる会話事例において，最初の(9a)～(9h)及び(9o)の発話では「動詞」が使われていません。日本語の17の発話中，9つの発話において「動詞」が使われていないのです。こうした「動詞」が使われない表現がかなりの割合で存在する言語（日本語）に，S（主語），V（動詞），O（目的語）という文法カテゴリを一義的に適用するのは妥当なことではないはずです。言葉はきつくなりますが，英語という言語に存在している文法カテゴリ（S（主語），V（動詞），O（目的語）等）を，他言語が持っている固有の論理を無視して，もしくは理解しないまま，高圧的に適用させているだけなのではないでしょうか？　さてもう一度，戻ってみましょう。

　（6）　今朝は少し肌寒い。

(7)　a.　It is a little chilly this morning.

　　b.　I'm feeling a bit chilly this morning.

　日本語文 (6) の「今日は少し肌寒い」には「動詞」が在りませ
んでした。したがって，この日本語文には「主語」も存在してい
ません。英語文 (7a) 及び (7b) には「動詞」があります。また，
この文には「主語」もあります。英語文 (7a) 'It is a little chilly
this morning.' 及び (7b) 'I'm feeling a bit chilly this morning.'
においては，「動詞」も備わっているし，「主語」も備わっている。
さて，このことから何に気が付かれたでしょうか？　なぜ日本語
文 (6)「今日は少し肌寒い」には「主語」が現れず，英語文 (7a)
'It is a little chilly this morning.' 及び (7b) 'I'm feeling a bit
chilly this morning.' には「主語」が現れているのでしょう？　し
かも英語文においては，'it' もしくは 'I' という 2 種類の「主語」
を用いることも可能です。なぜでしょうか？　この謎を解く鍵は
どこにあるのでしょうか？　先ほどの情意を表す「しい /shi-i/」形
容詞における「君・彼・彼女」と同じく，日本語文「今日は少し
肌寒い」において，**「肌寒い」のは一体誰・何か**ということです。

　「少し肌寒い」のは気候だと答えた方，また，「少し肌寒い」の
は発話者だと答えた方，振返ってみてください。「しい /shi-i/ 形
容詞」と呼ばれていた日本語の文法カテゴリにおいて，どのよう
なことが見抜けたでしょうか？「しい /shi-i/ 形容詞」と呼ばれて
いた日本語の文法カテゴリにおいて，「対象」と「認知主体」は認
識論的に分離して捉えられていませんでした。そうです，ここで
も同じことが起こっているのです。つまり，日本語において「少
し肌寒い」のは，「対象」であり「認知主体」なのです。要は，

「気候」であり「発話者」自身なのです。「今日は少し肌寒い」という場合，日本語は「気候」と「発話者」を認識論的に分離した様態で捉えてはおらず一緒に，つまり**「主体化」**して捉えています。日本語において事物の「客観的」状態・性質・属性を表すとされている「い /i/ 形容詞」も，実は**「主体化」という認知メカニズムによって生じている文法カテゴリだったのです。「認知の主体」と「認知の対象」が認識論的に分離した状態で捉えられていないからこそ，日本語においては「主体・主語 (subject)」と「対象・目的語 (object)」というような，二分化して捉える場合に創発してくる文法カテゴリを必要としていないのです。**

## 1.6. 英語の「認知モード」と日本語の「認知モード」

　ここまでのことから，どのようなことが見いだされるでしょうか？ ひとつは，「しい /shi-i/ 形容詞」にしても「い /i/ 形容詞」にしても，**日本語で「形容詞」と呼ばれている文法カテゴリは，事物の「客観的」状態・性質・属性など表してはいないという事実**です。日本語において「形容詞」と呼ばれている文法カテゴリは，「主体」と「対象」が一体化して捉えられたもの，「主体化」されることによって生じている文法カテゴリです。つまり，**日本語の「形容詞」と呼ばれている文法カテゴリは，英語の 'adjective（形容詞）' に該当する文法カテゴリではない**，という結論が導かれます。日本語の「形容詞」は形容詞ではなく，むしろ**「知覚様態詞（前著においては認知様態詞）」**と名付けたほうがよいような文法カテゴリなのです。さらに重要な結論が導き出せます。

　英語は「主体」は「主体」，「対象」は「対象」と，認知の「主体」

と「対象」とを別に捉えている言語であることが判りました。そのことは，「今日は少し肌寒い」という日本語の叙述に対して，英語は「主語」を 'it' または 'I' と 2 本立てで書くことでも判ります。一方，日本語の「今日は少し肌寒い」という文は「主語」もなく，また「動詞」もない，国文法では**「用言」**と呼ばれる形態で，「主体」と「対象」を分けて捉えていない言語の用法であることが判りました。こうしたことから，英語及び日本語の事態把握の在り方（言語論理）を，単純ですが**認知図式化**することが可能となります。

図表 3：文法に現れる事態把握の在り方（言語論理）

　　A.　英語の事態把握の在り方（言語論理）と言語形式

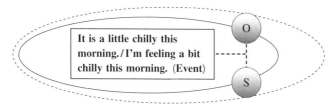

　　B.　日本語の事態把握の在り方（言語論理）と言語形式

S = Subject of conceptualization（概念化者）
O = Object of conceptualization（概念化の対象）

外枠点線
＝概念化可能領域
（外部世界）

内枠実線
＝概念化された領域
（内部世界）

点線＝事態把握の在り方

実線の四角括弧＝客体化
された事象概念（Event）

破線の四角括弧＝主体化
された事象概念（Event）

　上記の図は非常に概略化したものになっています。しかしながら，どれ程単純であったとしても，それぞれの事態把握の在り方（世界観）を表す上記認知図式は，極めて重要な意味を持つのです。なぜならば，英語においても日本語においても，**文法というのは上記の認知図式（「認知モード」）による認知のあり方（モノ・コトの捉え方）が，具現化・具体化したものに他ならないから**です。**各言語の文法というのは，実は各言語の事態把握の在り方（世界観，モノ・コトの捉え方）が，言語という形（構文・文法カテゴリ）として具現・具体化したもの**なのです。認知文法では，**事態把握（construal）が構文・文法カテゴリとして現れること**を，**創発（emergence）**と呼んでいます。そして，認知言語類型論において一番大事なことは，**事態把握の在り方（上記，英語の論理・日本語の論理）と構文・文法カテゴリの間には，「類像性（iconicity）」**[11] **が存在している**ことなのです。具体的には，上記

---

「類像性（iconicity）」と呼ばれる言語における意味と形式の関係の本質とその重要性は，未だ十分に理解されていません。「類像性」の本質とは，英語と日本語の基本認知図式が表すように，英語の場合は「認知主体（subject）」と「対象（object）」が，認識論的に別々に捉えられて表現される一方，日本語の場合は「主体」と「対象」が，認識論的に別々に捉えられて表現されるのではないということです。つまり，英語の場合は「主体」と「対象」は別々に存

の認知図式が表しているように，「認知主体（概念化者）」と「概念化の対象」とは別々の存在であると把握されることで創発しているのが，英語で **'adjective（形容詞）'** と呼ばれている文法カテゴリであり，また，**'subject（主語）'** 及び **'object（目的語）'** と呼ばれている文法カテゴリなのです。この把握の在り方に対して，「認知主体（概念化者）」と「対象」が認識論的に分離せずに一体的に把握されて創発しているのが，日本語で **知覚様態詞（従来，形容詞）** と呼ばれる文法カテゴリだったのです。

## 1.7. 第1章のまとめ

ここまで見抜いてきたものを簡単にまとめてみましょう。

① これまで日本語で「形容詞」と呼ばれてきた文法カテゴリは，英語のようにモノ・コトの客観的な性質・状態・属性を表したものではない。

② したがって次のクロフトの意味地図で，日本語の「形容詞」が「客観」という概念を基にした 'properties（属性）' によって分類・区分されることには妥当性が伴わず，その結果，語末「しい /shi-i/」の情意を表す「形容

---

在するものとして捉えられていますから，文の主語が 'I' となる文と 'It' となる二つの文が創発します。それに対して日本語は，わざわざ「私」に対応する 'I' と，「環境・状況」に対応する 'It' に分けて捉えていませんから，「私」と「環境」とを一緒に捉え，一まとめにして「今日は少し肌寒い」という文を創発させているのです。ちなみに英語では，「主語」は 'subject' という用語で表されますし，「目的語」は 'object' という用語で表されます。ここにも，「類像性（iconicity）」の本質に関わる原理が顔を覗かしています。

34

　　詞」を意味地図内に組み込むことができていない。また
　　上記の理由から，ディクソンのように13の「客観的」
　　意味タイプによって日本語の「形容詞」が分類・区分さ
　　れることにも妥当性が伴わない。

図表1： The semantic map for the Japanese Nominal, Nominal
　　　　Adjective, and Adjectival construction（日本語の名詞構
　　　　文・名容詞構文・形容詞構文の意味地図）（再掲）

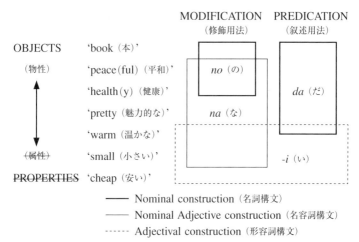

（Croft（2001: 95），日本語表示と部分修正は筆者による）

③　日本語の「形容詞」は，認知の主体と対象とが認識論的
　　距離を設けずに捉えられることで創発している文法カテ
　　ゴリである。したがって「形容詞」ではなく，むしろ
　　「知覚様態詞」とでも名称されるべきものである。

④　英語の‘adjective’と日本語の「知覚様態詞」の分析か
　　ら，英語と日本語では事態把握の在り方（認知モード・

　　　言語論理）が異なっていることが判明する。

　　⑤　英語の「認知モード」においてモノ・コトは「客観的」[12]
　　　に捉えられ，言語形式も「客体化」されたものになる。
　　　日本語の「認知モード」においてモノ・コトは「認識論
　　　的に距離のない様態」で捉えられ，言語形式は「**主体化**」
　　　を介して創発する。

　日本語で「形容詞」と呼ばれてきた文法カテゴリを分析するこ
とから，言語においては，**各言語のモノ・コトの捉え方が構文・
文法という形式になっている**ことが判りました。このことを言い
換えると，各言語のモノ・コトの捉え方が，「**類像性（iconicity）**」
として各言語の構文・文法に現れて（創発して）いるということ
でした。**言語において，事態把握は「類像性（iconicity）」を介し
て形式（構文・文法）として創発する**というのが，シン・認知文
法論及び認知言語類型論の最も重要な原理となります。ただ残念
ながら，このことの重要性は深く認識されていません。みなさん
にとってもまだ難しい面もあると思いますが，だんだん理解が深
まり，この本を読み終えるころには，世界が今までとは異なって
観えるようになると思います。世界が今とは異なった目で観られ
るようになったということは，今とは異なる思考法を身に付けた
ということです。わくわくできたら楽しいですよね。

---

[12] 気を付けておかなければならないのは，「客観的」という概念自体も「主
観的」なものです。したがってこの本においては，「主観的」という用語を用
いずに，『主体化』という用語を用います。

第 2 章

英語の 'Tense' と日本語の「時制」は
同じものなのか？

　どうでしたか？ 日本語で「形容詞」と呼ばれてきた文法カテゴリが，実は英語の‘adjective（形容詞）’と互換性を持たないという事実証明に納得されたでしょうか？ また，この日本語の言語現象を生じさせている認知のメカニズムにも，理解が得られたでしょうか？ こうした言語現象が生じる理由は，英語のモノ・コトの捉え方（事態把握・世界解釈）が，日本語のモノ・コトの捉え方（事態把握・世界解釈）とは異なっているからでした。つまり，**英語は認知する「主体」と認知される「対象」は別々に存在していると捉える（construe）ので，‘adjective（形容詞）’は物事の客観的な性質や状態を表すとすることができました。**したがって，それが具現化した英語の表現も「客体化」されたものになっていました。それに対して**日本語は，認知「対象」と認知「主体」は別々に捉えられているわけではなく，「対象」は認知「主体」と不可分に捉えられていました。**したがって，日本語の「知覚様態詞」は物事の客観的な性質や状態を表さず，それを具現化した**日本語の表現も「主体化」されて創発していました。**この事実（「事実」であって，「真実」ではありません）を見いだした時，筆者はとてもびっくりしました。なぜならば，ここから必然的に導かれる推定は，「**日本語は事象を「客観的」に捉えておらず，事態把握を具現化している言語表現においても，事象を「客体的」に叙述できない・していない**」というものになるからです。

　この「日本語は事象を客体的に叙述できない・していない」という推定が事実であるとするならば，日本という国は途方もないことを認めなければならないことになります。それはつまり，

「日本語で書かれているものはすべて，書いたひとと不可分な存在，つまり，書いたひとから客体的に独立した存在ではない」ということです。[1]

　どうでしょう，もしこの推定が事実であれば，途方もない混乱が日本に生じないでしょうか？　身近な例として国語のテストを挙げるならば，そのテストに用いられている題材文，たとえば小説は作者によって「主体化」された事象が綴られたものであり，言語論理として事象が「客体化」されたものではないことになります。そうすると，その小説の内容を「客観的に問う」という問題形式自体が成立しないことになりませんか？「客体化」されていないものを「客観的」に問うことはできませんし，また「客体化」論理を備えていない言語で，「客観的」な記述・解答をすることもできないことになります。[2] また社会の根本である憲法や法律も，内容が言語論理として「客体化」されていないとなると，日本の憲法や法律を「客観・客体化された文言」として社会に位置づけられるのかという問題が生じるのです（この問題を避けるために，日本語の中には，ある装置が組み込まれています）。

---

[1] **「言霊」**という言葉は日本語における「主体化」の論理を，古来から日本人が言い当ててきたものです。また，戦前の京都学派の西田幾多郎という哲学者は，このことを「主客合一」という独自用語で述べていました。さらに剣道・合気道等も，この日本語の「認知モード」による事態把握がなければ，成立しないものです。

[2] 事実，国語の入試問題って，題材執筆者の思考に自身の思考を合わせることが求められると同時に，問題作成者の出題意図の読み取りも求められるゲームとなっています。ある意味日本人って，入試制度を通していかに他者の意図を読み取り忖度するかの，集中的集団訓練を受けている状態じもあるのです。

　上記のような状況で，日本人が好む対処法は次のようなものです。問題事象を見なかったことにするか，問題事象が存在していないものとして無視するかです。手に負えないことはともかく気付かないふりをするか，無かったことにするのが一番で，塊としての日本人は昔からこの対処法が好きで得意としてきました。福島の原発事故や日本国憲法9条等の問題は，典型的な事例なのだと思います。福島の原発事故処理は手に負えないので無かったことにして，東京オリンピックを開催することにしました。日本国憲法9条に書かれている崇高な理念に思考を停止し，新疆ウイグル自治区・香港・台湾・尖閣諸島・北方4島の現状や，中国軍及びロシア軍合同艦隊の対馬海峡と大隅海峡の通過の事実や，北朝鮮の核やミサイル開発とその実践配備に目を向けようとしませんでした。日米安全保障条約に関わっても，日本の領域内に展開している米軍が，核兵器を装備していることは日米間の暗黙の了解事項でしょうから，その状況の中で日本が核兵器禁止条約を批准することは決してありません。ロシアのウクライナ侵攻を目の当たりにしていても，第2次世界大戦時と同様，現在も変わらず広がっているのは，歴史や過ちを直視せず，また検証する勇気を持ち合わせない，政治家を含んだ塊としての日本人の精神風土だと思います。

　日本語というのは，短期の事象を情感細かく活き活きと叙述するのは得意な言語ですが，長期に亘る事象を見通し，「客体的」に留める術を言語論理として持ち併せていません。そのような言語論理で行う思考自体も，先の事例が示すように，事象全般や時や歴史を俯瞰して物事を構想することを苦手としているのです。塊としての日本人って，神話は好きですけど，歴史は直視したく

ない民族なのかと思います。その理由のひとつとして，指摘する人も少ないのですが，日本語が文字を発明しなかったことを挙げられるのではないでしょうか。その意味が忘れ去られていますが（特に言語を研究している人たちに），**日本語ってもともとは文字を持たない言語**だったのです。「文字を持たなかった」ということは，**「事象の客体化」という概念及び術を自らは見いだせなかった**ということを意味しているのです。

　日本語は事象を「客体化」していないし，「客体化」できないために，叙述内容を「客観的」に判定・判断することができないと述べました。たとえば，英語の 'A is B, and B is C. Therefore, A is C.' という文は，事象の客観的叙述による命題として成り立っています。しかし，日本語の「A は B であり，B は C である。したがって，A は C である」という文は，事象の客観的叙述による命題として成り立っているのではないのです。この叙述があたかも命題であるかのように受け取られているのは，日本語のある装置によります。事象を言語論理として「客体化」できない問題を回避する工夫が行われているのです。

　みなさんはあまりに当たり前過ぎて，疑問に思われることはなかったと思いますが，なぜ日本語に「は」と「が」の使い分けがあるのか不思議に思われませんか？　「は」も「が」も動詞ではありませんし，英語にこのような使い分けはありませんよね。他の言語はどうなんでしょう？　英語が含まれる近代ヨーロッパ標準諸語以外の歴史の表舞台に立たない言語においては，案外日本語みたいなのが多いのかも知れません。ぼくらは「は」と「が」を無意識に使い分けていますが，この「は」と「が」の使い分けの中に，日本語が言語における「客体化」問題を回避する知恵（「**共**

42

同注視としての社会化」（p. 88で詳述））を隠しているのです。日本語も，感心するような知恵と工夫を備えた言語だと思います。

## 2.1. 英語の時間概念：前置詞と事象の時間幅

　認知言語学という学問分野を切り拓いてきた学者に，ロナルド・W・ラネカー（Ronald W. Langacker）という学者がいます。彼は人間が持つ認知のあり方を，次のような図式で説明しています。

図表4：Langackerの基本認知図式：「視覚構図」と「事態把握図」の相似

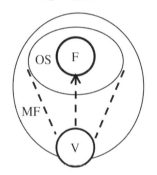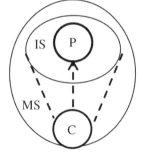

V(S)＝観察者／主体（viewer/subject）　　　C＝概念化者（conceptualizer）

MF＝最大視界（maximal field of view）　　MS＝最大範囲（maximal scope）

OS＝直接領域（onstage region）　　　　　　IS＝直接範囲（immediate scope）

F＝注意の焦点（focus）　　　　　　　↑＝知覚関係（perceptual relationship）

P＝概念の前景化（profile）

（Langacker（2000: 205））

　前ページのラネカーの左図は，観察者（認知主体）が対象を観察するという知覚の在り方がまとめられたものです。右側の図は，左側の知覚の図と同じように，概念化者が対象を概念化するという認知の在り方（「認知モード」）がまとめられたものです。どちらの図も同じ様態（**認知モード**）ですよね。英語話者であるラネカーが，認知のあり方を「認知主体：C（概念化者）」と「対象：P（概念の前景化）」が別々に存在する様態で認知のあり方を表現していますので，英語においては，「認知主体」と「対象」は別々に存在するものとして**把握**（**construe**）されていることになります。気を付けなければならないのは，言語学者も含めて日本人のほとんども，日本語の認知の在り方も英語と同じだと無意識・無批判[3]に思い込んでいることです。日本語の言語事例を分析することから日本語自体の言語論理を見いだすのではなく，日本語も英語と同じ論理を有しているという思い込みと前提が，日本語には存在していない「形容詞（adjective）」や「主語（subject）／目的語（object）」といった文法カテゴリを，日本語に押し付けているのです。上記の思い込みと前提で，日本語という言語は観察・分析され，説明・叙述されてきたのが実態です。日本語の本当の姿（文法カテゴリ）を見いだしたいのならば，徹底的に日本語自体の論理に寄り添って日本語を見ていくしかありません。英語の論理でいくら日本語を観察・分析していても，日本語はその本当の姿を現しません（ごく当たり前のことを言っているに過ぎなくないでしょうか？）。

---

[3]「批判」の本来の意味は，誰かまたは何かについて悪く言うということではなく，物事に検討を加えて，判定・評価することです。

　さてやっとですが，ここで次のお題を解いてみましょう。ぼくらは英語の‘adjective’と日本語の「知覚様態詞」の分析を通して，上記ラネカーの認知図式とは少し異なる英語の認知図式（「認知モード」図）を手にすることになりました。そこにおいては，認知の「対象」は認知の「主体」から分離して存在するという「認知モード」によって，言語形式（構文・文法カテゴリ）が創発するメカニズムを見いだしていましたね。ここで気を付けておかなければならないことは，私たちが生きているのは「概念化された世界内」であるということです。私たちは自身が「概念化を行えていない世界」には生きることができないのです。未だ「概念化を行えていない世界」とは，outer world にほかならないのです。

図表3： 文法に現れる事態把握の在り方（言語論理）《再掲》

　A.　英語の事態把握の在り方（言語論理）と言語形式

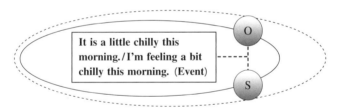

It is a little chilly this morning. / I'm feeling a bit chilly this morning. (Event)

S = Subject of conceptualization（概念化者）
O = Object of conceptualization（概念化の対象）

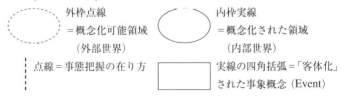

外枠点線
= 概念化可能領域
（外部世界）

内枠実線
= 概念化された領域
（内部世界）

点線 = 事態把握の在り方

実線の四角括弧 =「客体化」
された事象概念（Event）

　上の「認知モード」の在り方から**「類像的」な推定**を行うと，

実は**「英語は時間を距離・空間として捉えている」**が導き出されることになります。みなさんにとっては少し謎の言葉かも知れませんが，この推定が正しいのか検証してみましょう。まず，次の事例に対する見抜きを行ってください。

(1) a. John was surprised at the news.
　　　　（ジョンはそのニュースに驚いた）

　　b. The audience was astonished at John's performance.
　　　　（観衆はジョンの演奏に度胆を抜かれた）

　　c. Alice was shocked at the official notification of appointment.
　　　　（アリスは異動の辞令にショックを受けた）

　　d. Tom was excited at the prospect of getting promotion.
　　　　（トムは昇進の見込みに興奮した）

　　e. The traveler was delighted at the sight of a light in the distance.
　　　　（旅人は遠方に明かりを見て喜んだ）　　　　（Tanaka Corpus）

　　f. She was disappointed at [with] his new movie.
　　　　（彼女は彼の新しい映画に落胆した）

　　g. He was excited with the outcome.
　　　　（彼はその成果に興奮気味だった）

　　h. Mary was satisfied with her academic results.
　　　　（メアリーは自分の学業成績に満足だった）

　　i. She was pleased with his present.
　　　　（彼女は彼のプレゼントに喜んだ）

46

j.  Alex is concerned with impressing others.

（アレックスは他人に好印象を与えたいと気にかけている）

k.  I'm very disappointed in you.

（君にはがっかりです）

l.  Alice is interested in the topic.

（アリスはその話題に興味を持っています）

m.  Sam is absorbed in extending his business connections.

（サムは得意先を広めることに夢中になっている）

《見抜き⑦》

```
　　　　　　　　　　　　　　　　　　　　　　　　　
　　　　　　　　　　　　　　　　　　　　　　　　　
　　　　　　　　　　　　　　　　　　　　　　　　　
　　　　　　　　　　　　　　　　　　　　　　　　　
　　　　　　　　　　　　　　　　　　　　　　　　　
```

　どうでしょう，ちょっと事例が少なかったでしょうか。ただ注意して良く事例を見れば，見抜けるとは思います。鍵はどこにありましたでしょうか？ そうです，鍵は実は be 動詞＋過去分詞（「受動態」って呼ばれる構文形態）で表出されている**心的事象**（**event**）と**前置詞**との関係にありました。

　みなさんは前置詞の 'at' は対象とする場所が狭いと判断された場合に用いられ，'in' は広いと判断された場所に用いられるという知識をお持ちだと思います。たとえば，'We arrived at Kyoto Station.' と 'We arrived in Kyoto.' とかの用例で見られ

る，前置詞'at'と'in'の使用における違いです。まずこの違い
がこれらの事例にも当てはまっているかどうか，見てみれば良い
と思います。

　前置詞'at'が用いられているのは（1a）から（1f）までですね
（（1f）には'with'も用いられていますが）。他方，'in'が用いら
れているのは（1k）から（1m）です。見抜けるのは，前置詞'at'
が用いられている心的事象（was surprised at 〜に驚いた，was
astonished at 〜に度胆を抜かれた，was shocked at 〜にショッ
クを受けた，was excited at 〜に興奮した，was delighted at 〜
に喜んだ，was disappointed at 〜に落胆した）は，すべて時間
幅の短い事象だということです。これとは逆に，前置詞'in'が
用いられている心的事象（am disappointed in 〜にはがっかり，
is interested in 〜に興味を持っている，is absorbed in 〜に夢中
になっている）は，ある程度長い時間幅を有している事象と判断
できます。そうすると残りは'with'の使われ方ですが，前置詞
'with'が用いられている心的事象（was disappointed with 〜に
落胆した，was excited with 〜に興奮気味だった，was satisfied
with 〜に満足だった，was pleased with 〜に喜んだ，〜 is con-
cerned with 〜気にかけている）を見てみると，これらは'at'で
表される心的事象よりも長い時間幅を持つものであるが，'in'ほ
ど長い時間幅を持つものではないだろうということです。ただし
こうした時間判断には個人差があり，人によっては短い時間幅と
の意識で'at'を用いたり，長い時間幅との意識で'in'を用いた
りすることが見て取れます。

　ちょっと注意して欲しいのは，ここに挙げている事例としての
受動態構文は，用いられている過去分詞において，元々の他動詞

48

が持っていた他動詞性というものを消失し，心的状態を表すものになっているということです。こうしたことをまとめてみれば，次のようになるかと思います。

図表 5 : 前置詞 'at・with・in' が用いられている受動態構文が表す心的事象の時間幅

［他動詞性の消失・状態化］

[at]　surprised **at the news**, astonished **at John's perfor-mance,** shocked **at the official notification of ap-pointment,** excited **at the prospect of getting promo-tion,** delighted **at the sight of a light,** disappointed **at his new movie**

→ 心的事象及び前置詞が受ける項が持つ属性時間は短い

[with]　disappointed **with his new movie,** excited **with the outcom**e, satisfied **with her academic results,** pleased **with his present,** concerned **with impressing others**

→ 心的事象及び前置詞が受ける項が持つ属性時間は中程度

[in]　disappointed **in you,** interested **in the topic,** absorbed **in extending his business connections**

→ 心的事象及び前置詞が受ける項が持つ属性時間は長い

　心的事象が持つ時間幅を，本来空間における概念（狭い・広い等）を表す前置詞の使い分けで表しているという事実が見いだせました。つまり英語は，**時間概念を構文・文法として創発させる**

ために，空間を表すために用いる文法カテゴリを適用させている
のです。こうした英語の原理を知っておくと，上記の受動態構文
を意味もなく丸暗記する必要がなくなりますよね。筆者が嫌うの
は，生徒・学生にその事象の根底に隠れている理由（言語学にお
いては「**創発動機**」といいます）を発見させることなく，答・規
則として丸暗記させる授業です。そこでは，教育というものが持
たなければならない本質的なものが置き去りにされていると考え
るからです。

　以下，また少し横道に逸れますが，かつて大学受験に失敗した
筆者は，予備校の授業で初めて倫理という科目を（高校では受験
に必要ないと見なされ，倫理は授業科目になかったので）受講し
たのですが，衝撃を受けました。担当の駒城先生は，古今東西の
思想家・哲学者の考えを概説しながら，問われているものの本質
が何かを考えさせる授業を行ってくださったのです。先生の概説
に導かれて，紹介される思想家・哲学者の代表的な著作を読み継
ぎながら，筆者は**学びの本質とは答えを得ることではなくて，問
い自体を見いだすこと**だと知りました。

　後年大人になって，学校の教員とか研究者として生きていくよ
うになりましたが，筆者が考えたり書いたりするものの全ての起
源は，予備校時代に倫理の授業で駒城先生に導かれて読んだ60
冊程の思想家・哲学者の本に在るように思います。特に 1947 年
（日本では 1987 年に番町書房から旧訳版，2001 年に青弓社から新訳版）
に，クロード・レヴィ゠ストロース（Claude Lévi-Strauss）とい
う社会人類学者・民族学者によって『親族の基本構造（*Les
structures elementaires de la parente*)』という本が刊行された
のですが，その刊行を契機に生じた「構造主義」という知の流れ

50

に，強く影響を受けたと思います。筆者の思考の立ち位置は「構造主義」にあり，いわば最も遅れてきた構造主義者なのだろう（大学院での恩師には，「君は京都学派の末裔だよ」と言われましたが）と思っています。この構造主義というのは今では忘れ去られた知の潮流なのですが，この知の潮流の中で提示されたパラダイムは，イノベイティブな思考を身に付ける上でとても重要だと思います。みなさんに読んでいただいているこの本は，言語学の入門書の形態を採っていますが，目指すところはみなさんがイノベーションを引き起こす人であることを願って，構造主義の思考法を知っていただくことにもあります。どの分野・領域で生きて行かれることになっても，みなさんがイノベーションを創出される上で，この構造主義において提示された思考法を身に付けておくことは，確かな武器になると考えています。そして実は『シン・認知文法論入門——イノベイティブ思考が明かす英語と日本語——』という少しふざけているように見えるこの本自体が，「**構造主義**」に立脚した思考法による，**西洋的な視点・思考・価値観への批判**なのです。何だか大それたことを書いているみたいですが，だんだん真意を知っていただけるかも知れません。よければ読み進んでみてください。申し訳ありません，本筋に戻るようにしますね。

　さて，前置詞 'at・with・in' が用いられている心的事象を表す受動態構文の分析から，**英語は時間を空間の概念を転用することによって表現している**ことが掴めました。ほかはどうでしょう？　時間を空間で表しているような事例があるでしょうか？

## 2.2.　英語の時間概念：過去時制

　みなさんは高校で仮定法を習ったとき，英語では現在において
あり得ないことは仮定法の過去形，過去においてあり得ないこと
は仮定法の過去完了形を使うと習って，不思議もしくは面倒臭い
話と思いませんでしたか？　そもそも英語において，仮定の話に
おいて特別な用法を用いること，つまり，今のことを仮定するの
にわざわざ過去形，過去のことを仮定するのにわざわざ過去完了
形を使うという説明は，理由がよく判らない話ではありませんで
したか？　なぜならば「もし私が鳥だったらあなたのところに飛
んでいく」という表現において，日本語であれば文法的に特別な
用法を用いて表現する必要はないですよね。でも英語において
は，どうも日本語と違って，現実の世界と仮定の世界はまったく
異なる次元であると捉えられているようなのです。そして仮定と
いうその異なる次元には，その次元の論理に沿った時間が流れて
いるようなのです。英語が仮定法という用法を生み出しているこ
とが，不思議に思われます。

　こういった中である日，前述の予備校で倫理の授業があったと
きのことなのですが，駒城先生が「なぜ時間が存在すると言える
のですか？　時間とは何か，指し示すことができますか」と訊か
れたのです。難しかったですね（「時間」って，物理学・哲学に
おいて本当は難問なのです）。モノの動きや状態の変化によって，
時間の存在を推定することはできます。だけど，時間自体をこれ
ですといって，指し示すことはできないですよね。つまり，**距離**
**＝速度×時間，したがって時間＝距離÷速度という概念操作に**
**よって時間の存在を推定することはできる**のですが，この操作で

52

見いだされている**時間とは，距離と速度，つまりあくまでも空間にかかわる概念**を操作することで見いだされているものなのです。なんだかややこしいことを述べているようですが，近代西洋において見いだされた時間とは，線状不可逆的一方向への運動の軌跡が時間の認識モデルとなっているのです。それ故，英語の文法の授業の時に，教員は英語の「時制（Tense）」を説明するのに次のような図を使うのです。

図表 6：英語の「時制（Tense）」

was・were・did・studied　　　am・is・are・do・study

過去（past）の事象　　　　　現在（present）の事象

→

**時間軸**

　この英語の時間概念を表す図表 6 と，英語の‘adjective’の分析において知ることとなった英語の「認知モード」図を併せると，英語は事象と時間の関係を次のように捉えていると図化することができます。

図表 7：英語の「事象（Event）」と「時間（Tense）」の関係

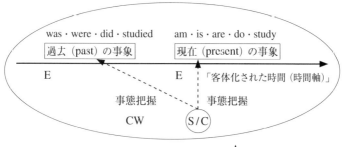

S ＝ Subjet（主体）/ C ＝ Conceptulizer（概念化者）　　事態把握

☐ E = Event（言語化された事象）　　◯ CW = Conceptualized World（概念
化された世界：内部世界）

　これに次のような具体事例を入れて図式化すると,図表 8 の
ようになります。

　(2) a.　John repaired his TV set.
　　　　　⇔ ジョンはテレビを修理した。

　　 b.　The TV set now works.
　　　　　⇔ そのテレビは今映っている。

図表 8：Iconicity（類像性）を介した「客体化された時間（時制：
　　　　 Tense）」の創発：

　　　　 「時制（Tense）」という事態把握（認識論的距離）

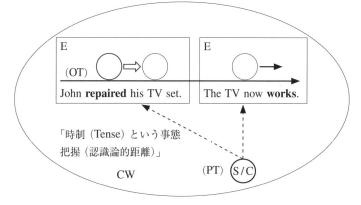

S/C = Subject/Conceptualizer（主体/概念化者）　　PT = Present Time（今）
☐ E = Event（言語化された事象）
➤ OT = Objectified Time（客体化された時間）
◯ CW = Conceptualized World（概念化された世界：内部世界）

　英語において概念化者（S/C）は，認知対象（Object）を自身との間に認識論的距離があるものとして把捉していました（「**客観的認識**」図表 3A 参照）。「客観的」に認識するからこそ，その認識の上に成り立つ言語表現（「**言語化された事象**」，認知図表内においては□で表記）も「客体化された表記」となります。つまり認知の対象（Object）に対して認識論的距離を設けて「客観的」に捉えているからこそ，その事態把握によって創発している言語事象（Event）も，その認識論的距離を「客体的」に構文・文法として創発させるのです。これが**認知文法論・認知言語類型論**にとって最も重要な原理，「**類像性**」の原理でした。英語においては過去の事象は現在の事象よりも認識論的に遠くにあるものですから，それを「客体的」に表記するために 'Tense（「時制」）' という文法的カテゴリが創発します。英語における「現在（present）」事象と「過去（past）」事象の違いとは，概念化者から見て，「**客体化された時間軸**」上において，「**近い**」ところに位置する事象なのか，または「**遠い**」ところに位置する事象なのかの認識論的判断なのです。

　さて，ここで再びお題を解いてみましょうか。この英語の「時制（Tense）」というものの正体を類像的に具現化しているものは何でしょうか？　ヒントは，英語の「時制（Tense）」はどの品詞によって判断され，その品詞にはどのような形態的特徴があるかです。つまり，英語において「時制（Tense）」を表すものには，「現在」の事象は時間軸上の近い（短い）ところに位置し，「過去」の事象は時間軸上の遠い（長い）ところに位置するというのを示す，**形態的特徴（「類像性」）**が備わっているのです。その特徴は日本語にはないものです。それを見抜いてみてください。このお題は

図表 8 を注意して見てもらえれば，解けると思います。

《見抜き⑧》

```



```

　どうでしょう？　自身の見抜きに納得ができましたか？「マト
リックス」の世界において，目覚めることはできたでしょうか？
目覚めてしまえば，実に簡単なことでしたね。ポイントはどこに
あったでしょう？　そうです，「動詞」とその形態にありました。
英語において「時制としての過去」は「動詞」によって表されま
す。ここが大事で，英語でその文が時制としての現在を表してい
るのか過去を表しているのかは，「動詞」によって判るのですが，
もっと明確に述べれば，「動詞」の形態が「時制的現在」なのか，
「時制的過去」なのかを表しているのです。具体的には，英語の
「動詞」は語末に /d/・/t/・/id/ 音等が付加されることで，「時制
的過去」を表します。この付加されるということは，つまり「動
詞」の形態が一般的には長化しているということです（例：am・
is・are・do・study → was・were・did・studied 等）。[4]

---

[4] ただし，ゲルマン語色の強い古英語の強変化動詞の流れを汲む不規則変
化動詞には当てはまらないこともありますので（例：send—sent—sent, make
—made　made 等），詳しいことは，他書『認知言語類型論原理』を参照して
みてください。

　英語においてはこの「動詞」における形態的な長化（具体的には規則動詞等の語末に‘〜ed’が付加されることで動詞の形態が長くなること）が，「時制的過去」の事象は時間軸上で遠くに位置することを表しているのです。時間的に遠くの事象を表すために，時間を表す「動詞」を形態的に長くしているのです。**時間の遠さを「動詞」形態の長さで表す。つまり時間を距離として「類像的」に表している**のです。それが，英語における「時制（Tense）」の正体です。図表8において，過去の事象に対する知覚関係を表す点線矢印は，現在の事象に対する知覚関係を表す点線矢印より長くなりますよね。その**事態把握における認識論的距離の遠さが，英語の「動詞」の形態的特徴である長さとして「類像的」に創発している**のです。

　どうでしょう，**英語の「動詞」は過去を表すときに形態的に長くなる**なんて，なかなか気付きませんよね。でもこれは，とても大事なことです。後ほど，日本語において「時制的過去」が存在するのかを見抜いていきますが，英語（近代ヨーロッパ標準諸語の一例）において「時制」は「動詞」の形態的長さとして表されているというのは，とても大切な原理であり事実なのです。

## 2.3.　英語の時間概念：仮定法

　さてここで，もうひとつ見抜きを行ってみましょうか？　この章の初めで，英語の仮定法が現在のことを仮定するのに仮定法過去形を使い，過去のことを仮定するのに仮定法過去完了形を使うのが不思議で，その理由が高校の時良く判らなかったと書きました。しかしながら英語は時間を距離として捉えていることが明ら

かになった今では，なぜ英語は現在あり得ないことは仮定法過去形を用い，過去にあり得ないことは仮定法過去完了形を用いるのか，その理由（創発原理）が図表7・8から判ります。それを見抜いてください。つまり，英語における仮定法過去形と仮定法過去完了形の原理を見抜いてもらいたいのです。

### 《見抜き⑨》

　気付かれましたか？　仮定法というのは，次の図表9の捉え方だったのですね。

図表9：英語の仮定法における時間の創発原理

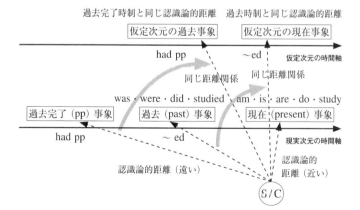

S = Subjet（主体者）/ C = Conceptulizer（概念化者）

☐ Event = 言語化された事象

　つまり英語は主観的に客体的な「認知空間」というものの存在を前提として，過去を現在から距離的に遠い（時間的に離れている）ものと解釈しています。そして仮定という次元も現在から遠い（時間的に離れている）次元と解釈しているのです。その認知空間上の次元の違い（遠さ）を表すために，形態を長く（伸ば）した動詞の過去形（**V＋〜ed** 等）が，現在から離れている仮定次元の現在（仮定法過去）への距離を表すのに用いられているのです。また同じように，形態を長く（伸ば）した過去完了形（**had ＋V＋〜ed** 等）が，過去から離れている仮定次元の過去（仮定法過去完了）への距離を表すのに用いられているのです。現時点にありえないことは，現在から認知空間的に距離のある（遠い）ものとして仮定法過去形が用いられますし，過去の時点でありえないことは，過去の時点よりもさらに認知空間的に距離のある（遠い）ものとして仮定法過去完了形が用いられているのです。時間・次元は「認知空間上の距離（遠さ）」なんですよと，英語の構文・文法は「類像性（**Iconicity**）」を介して自ら語ってくれているのです。言語における構文・文法とは，その言語が世界をどのように解釈（**construal**）しているかの「類像性」を通しての手紙なのです。だからぼくたちは，その言語の構文・文法を「類像性」を介して読み解いてあげることで，つまりその言語の論理に寄り添って読み取ってあげることで，その言語が世界をどのように解釈しているのかを理解してあげなければならないのです。

　言語の秘密に迫るためには，推理小説または恋愛小説を読むと

きと同じ心構えが必要となります。大事なのはこれまでの常識を
前提とせず，いかに合理的・論理的に，且つ，相手のありのまま
の姿を受け入れながら思考できるかです（「合理的」という言葉
は「功利的」という意味ではありません）。そのことが判ると，
構文や文法を学び研究することは，退屈な分野であるどころか，
知的探求に溢れたワクワクするものに変わります。研究や学問っ
て，芸術と同じように高度な精神の解放だと考えています。感性
と知性と努力を統合・融合させた精神の解放だと思っているので
す。面白くなければ続かないですよね。さて，上記の見抜きに具
体事例を入れて，認知図としてまとめておきます。

(3) a. John **repaired** his TV set. ［過去形］

⇔ ジョンはテレビを修理した。

b. The TV set now **works**. ［現在形］

⇔ 今そのテレビは映っている。

c. If John **had not repaired** his TV set,

［仮定法過去完了］

⇔ もしジョンがテレビを修理していなければ，

d. it **wouldn't work** now. 　　　　［仮定法過去］

⇔ 今頃テレビが映ることはなかっただろう。

60

図表 10：「類像性（Iconicity）」を介した仮定次元の時間：
　　　　　「仮定法（Subjunctive Mood）」

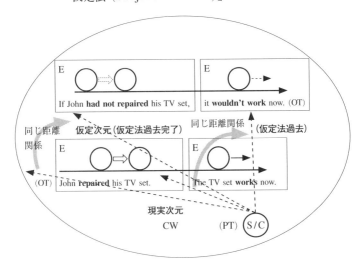

S/C = Subjet・Conceptulizer（主体／概念化者）E = Event（言語化された事象）
OT = Objectified Time（客体化された時間）　PT = Present Time（今）
CW = Coceptualized World（概念化された世界：内部世界）

　なかなか良くできていて，合理的だと思いませんか？　英語に
おける「時制（Tense）」という文法カテゴリが，どのような事態
把握・世界解釈（construal）によって生まれ（「**創発（emer-
gence）**」し）ているのかが良くわかります。英語の **'Tense（時
制）'** における「過去時制」の本質は，認識論的距離だったのです
ね。**英語の「過去時制」の本質が認識論的距離であるからこそ，
次の事例に見られるように社会的に距離を保ちたい場合（丁寧・
尊敬）や，予測される事象生起の可能性が低い場合に，「過去時
制」が用いられることになるのです。**

(4) a.　**Would** you mind my opening the window?

⇔ 窓を開けてもよろしいですか？

b.　**Could** you pass me the document?

⇔ その書類をとっていただけますか？

c.　It **might** rain tonight.

⇔ 今夜雨が降るかも知れません。

d.　**Could** it be true?

⇔ それって本当ですか？

こうしたことをまとめると，次のような結論が得られることになります。「時制（**Tense**）」という文法カテゴリは，**各次元の客体化された時間軸上に認識論的距離が具現化することで創発している文法カテゴリである**。つまり，「時制（**Tense**）」とは**認知空間における「距離」の創発**だったのです。

## 2.4.　日本語の時間概念：日本語に「時制（Tense）」は存在しているのか？

　図表 3A で，認知主体と認知の対象との間に「**認識論的距離**」がありました。認知主体と認知の対象との間に「**認識論的距離**」があるからこそ，英語の形容詞（adjective）というのは，モノやコトの**客観的**な性質・状態を表す文法カテゴリ（品詞）になっていました。

　みなさんと確認したように，日本語の「形容詞」は英語の形容詞（adjective）とは違うものでした。日本語でこれまで「形容詞」と呼ばれてきた文法カテゴリにおいては，認知主体と対象との間

に認識論的距離を設けない把握の仕方が，言語形式として創発したものでした。したがって，日本語の「形容詞」は'adjective（形容詞）'ではなく，**「知覚様態詞」**とでも呼ぶべき文法カテゴリ（品詞）なのでした。

　同じように，この「認識論的距離」が，規則変化動詞の語末に'〜ed'という形態上の長さとして付加されることで，英語は過去を「時制的過去（tensed past）」として表すことができたのでした。図表3Aの「客体的」な事態把握・世界解釈の在り方が，英語の形容詞（adjective）や時制（Tensc）という文法カテゴリに，類像的（iconic）に具現化していたのです。どうでしょう，言語において事態把握の在り方が，**「類像性（iconicity）」**を介して構文・文法カテゴリとして創発しているというのは驚きの事実ではありませんか？　言語の構文や文法カテゴリを研究する上で，この「類像性（iconicity）」というのが最も重要な原理であることを理解していただけたでしょうか？　このことを踏まえると，言語の構文や文法の創発動機や創発メカニズムを説明するのに，**「事態把握」の在り方と「類像性」の関係を基に説明していないものは，認知言語学のパラダイムに立脚した類型論および文法論にはなり得ないのです。**「認知類型論」という用語ではなく，「認知言語類型論」という用語を筆者が使っていることに，屋上屋を架していると批判（俗な意味での「批判」）する向きもありますが，あたりまえです。先ほども述べたように，**「事態把握」の在り方と「類像性」の関係を基に構文・文法カテゴリの「創発」理由を説明していないものは，たとえ「認知」という用語を付け足していても，認知言語学のパラダイムに立脚した類型論にはなっていない**のですから。ただしこれは，「認知言語類型論」を切り拓いてい

る者としての筆者の矜持ですから，みなさんはみなさん自身の知
性において判断してみてください。

　それでは，そろそろまたお題に入りましょうか。ここでのお題
は，**日本語も英語と同じように，認識論的距離を「客体化」され
た時間軸上に具現化することで，過去というものを「時制
（Tense）」という文法カテゴリで表しているのか**というものです。
簡単に言うと，日本語にも「時制（Tense）」があるのかという問
いです。

　現代日本語の「時制化された過去（tensed past）」は，「た /ta/」
によって表されるとされていますが，やはりここでも事例を見て
行くことにしましょう。

(5) a.　It is said that he is a handsome man.
　　　　He is said to be a handsome man.
　　　　⇔ 彼はイケメンだ（である）と言われている。

　　b.　It is sad that he was a handsome man.
　　　　He is said to have been a handsome man.
　　　　⇔ 彼はイケメンだった（であった）と言われている。

　　c.　It was said that he was a handsome man.
　　　　He was said to be a handsome man.
　　　　⇔ 彼はイケメンだ（**である**）と言われていた。

　　d.　It was said that he had been a handsome man.
　　　　He was said to have been a handsome man.
　　　　⇔ 彼はイケメンだった（であった）と言われていた。

　英語の授業の文法説明においては，日本語の問題として先生方
は説明されませんが，みなさんは上記の事例で奇妙なことが起

こっているのに気が付かれますか？　英語の時制と日本語の時制
を比べてみてほしいのです。気が付かれましたか？

　そうですね，日本語に「時制（Tense）」という文法カテゴリが
存在するなら，時制の一致という現象が生じるはずなのです。上
記の英語の事例においては，きちんとした時制の対応関係が見ら
れます。(5a) 主節現在－従属節現在，(5b) 主節現在－従属節過
去，(5c) 主節過去－従属節過去，(5d) 主節過去－従属節過去よ
り前という対応関係になっています。英語って，事象（イベント）
の時間軸上の対応関係をきちんと意識した言語なんですね。とこ
ろが，**事例 (5c)** の日本語対応文を見てみてください。そこでは
「彼はイケメンだ（である）と言われていた」になっています。英
語の「時制」という文法カテゴリで見るならば，この「彼はイケ
メンだ（である）」という文は「現在時制」の文です。もし日本語
の「た /ta/」が「過去時制」を標識しているものならば，時制の
一致に対応して事例（5c）の日本語文は「彼はイケメンだった
（であった）と言われていた」のはずです。ところが，実際は「彼
はイケメンだ（である）」なのです。「彼はイケメンだった（で
あった）と言われていた」は**事例 (5d)** に対応する日本語文に
なっています。なぜ日本語のこの事例においては，時制の一致と
いう文法の対応関係が生じないのでしょうか？

　日本語で，「時制的過去」を表すとされる「た /ta/」が用いられ
ている他の事例も見てみましょう。

　(6)　a.　昨夜はひどく雨が降りました。

　　　　b.　卓也は結局，絵を仕上げることができませんでした。

　　　　c.　「飯田」さんには，もう行かはりましたか。

d. その論文の片隅に，とても重要なことが書かれてい<u>ま</u>し<u>た</u>。

一見すると何の問題もなく，過去を表している気がしますね。でも，もう少し事例を探してみると，次のようなものも見つかります。

(7) a. （相撲で）「はっけよい，残っ<u>た</u>，残っ<u>た</u>」

b. （2時間歩いて）「やっと，着い<u>た</u>」

c. （探し物をしていて）「あっ，ここにあっ<u>た</u>」

d. （市場の魚屋さんで）「さあさ，買っ<u>た</u>，買っ<u>た</u>」

e. （日程を確認していて）「あ，明日，現代文のテストだっ<u>た</u>」

f. 「最初に教室に着い<u>た</u>人が，窓を開けておい<u>て</u>ください」

(7a, d) の「た /ta/」は，「残る」・「買う」ことが今起こっていて，そのことが未来まで続くようにという，話し手の期待を表しています。(7b, c) は，「着く」・「在る」ことが，話し手によって確認されていることを表しています。(7e) も，「テスト」というイベントの未来時における発生が，話し手によって確認されていることを表しています。これらの事例を観察すれば，日本語の「た /ta/」は「時制化された過去」という文法カテゴリを表しているのではないことに気が付きます。同じ認識を，森田（1995）は次のような事例で説明します。

(8) 「火星に衛星はあっ<u>た</u>っけ」（確認）

「じゃ，頼ん<u>だ</u>よ」（確述・念押し）

「あの人は以前からここに居ました。間違いはありません」（確述）

「どうも有難うございました」（確述）

「社長，お車が参りました」（確述）

「台風が来るから早く帰ったほうがいい」（強調）

「そうだ，今日は家内の誕生日だった」（想起）

「あ，ここに在った」（発見）

「なあんだ，夢だったのか」（発見）

「やっぱり君だったのか」（予想の的中）

「まあ，呆れた」（驚愕・驚嘆）

「こりゃ，驚いた」（驚愕・驚嘆）

　いずれも，時制とは関係の無いところでの「た」である。括弧の中に記した説明は，その**「た」の文脈的意味**であり，**「た」が表わす表現意図**と言い換えてもよい。

（森田（1995: 305-306），下線部強調著者，太字強調筆者）

　森田氏が用いる事例や説明においても，日本語の「た /ta/」が「時制化された過去」を表していないことがわかります。英語の‘Tense（時制）’で確認したように，**「時制」という文法カテゴリは，認識論的距離を「客体化」された認知空間の時間軸上に具現化することで創発している**ものでした。日本語の「た /ta/」は事例からわかるように，認識論的距離を「客体化」された認知空間の時間軸上に具現化しているものではありません。英語の‘Tense「時制」’というのとは異なる時間論理が存在しているのです。それでは，どのように論理が潜んでいるのでしょうか？　判らないときは，起源を探ってみることが謎を解くコツだと思います。

## 2.5.　日本語の時間概念：「た /ta/」の出自

　この場合のコツとは，日本語の「た /ta/」の出自を探ってみることです。現代日本語で「時制的過去」を表すとされる助動詞「た /ta/」は，平安末期からの「たり /tari/」の用法に元々繋がっており，この「たり /tari/」の用法は「てあり /teari/」が音変化したことで生じたことが知られています。「過去」を表す助動詞とされている「たり /tari/」の定義は，『広辞苑第七版』によれば次のようになっています。

　【助動】
❶ （格助詞「と」に「あり」が付いたトアリの約）（活用はラ変型。［活用］たら／たり・と／たり／たる／たれ／たれ。連用形に「と」があり，中止法は「として」となる）
① 体言に付いて，物事を指定する意を表す。… だ。… である。（平安時代から漢文訓読文系に見られるもので，物語文学には少ない。口語では，連用形「と」は副詞として扱われ，連体形だけが，重々しい調子の文に用いられる）玄奘表啓（平安初期点）「経たる途みちたる万里なれども」。平家物語 (2)「君，君たらずといへども，臣以て臣たらざるべからず」。「教師たる者の心得が書いてある」
② 状態を表す漢語に付いて，その状態にあることを示す。タリ活用形容動詞の語尾とすることもある。平家物語 (10)「北には青山峨々として，松吹く風索々たり」。「百

花爛漫たり」「堂々たる風格の書だ」

❷ （テアリの約）（活用はラ変型。［活用］たら／たり／たり／たる／たれ／たれ）<u>動詞型活用の語の連用形に付いて，ある動作がなされて，その結果が今もあることを示す</u>。平安末期から，動詞に付いた場合は単にその事態があったことを表すだけになった。時の助動詞の中で，平安時代までは使い分けた「き」「けり」「つ」「ぬ」「り」が徐々に衰えて行き，「たり」だけが残って現代語の「た」になる。

① <u>動作・作用が完了し，その結果が現在もある意を表す。…てある。…ている。…た</u>。万葉集（17）「羽咋はくいの海朝なぎしたり船梶かじもがも」。竹取物語「門をたゝきて，くらもちの皇子，おはしたりと告ぐ」。天草本平家物語「重盛が首の刎ねられたらうずるを見て仕れ」。歌舞伎，鳴神「生まれてはじめてのんだれば，腹の内がひつくり返る」

② <u>動作・作用が確かにあったと認める意を表す。…た</u>。源氏物語（若紫）「さて心やすくてしもえおきたらじをや」。天草本平家物語「あはれ，その人が亡びたらば，その国は明かうず」

（『広辞苑 第七版』下線部強調筆者）

　また，「てあり /te-ari/」の用法をオンライン上の『学研全訳古語辞典』（学研教育出版）で見てみると，次のように記載されています。

て - あ・り

分類 連語

① 〔動作・作用が存続していることを表す〕…ている。
　出典万葉集 一八三「わが御門（みかど）千代と永久（こ
　とば）に栄えむと思ひてありしわれし悲しも」[訳]わ
　が宮殿は永遠に栄えるであろうと思っていた自分が悲し
　いことだ。

② 〔動作・作用が終結し，その結果から生じたことが存続
　していることを表す〕…て，…している。
　出典今昔物語集 二四・四三「土佐守（とさのかみ）に成
　りてその国に下りてありける程に」[訳]土佐守になっ
　て任国に下って，（その任国に）いたあいだに。

　　　　　　　　　　（『学研全訳古語辞典』下線部強調筆者）

　実は，ここで挙げた（5）（6）（7）（8）の事例と，『広辞苑』の
「たり /tari/」及び『学研全訳古語辞典』の「てあり /te-ari/」の定
義を読んでみれば，日本語の「過去」の謎が解けるのです。少し
まとめてみると，日本語の過去を表すとされる「た /ta/」は，「て
あり /te-ari/」→「たり /tari/」→「た /ta/」という通時的変遷を
伴って現代日本語に定位していることが，上記の辞書の記述から
判ります。

　目の前に答えが書いてあるのですが，残念なことに思い込みを
している目には，書かれてある事実が見えません。見えないとい
うよりは，脳が受付けないのでしょうね。見えるようになるため
には，小学生のような無垢な心（みんなの前で「王様は裸だ」と
言えるピュアでブレイブなハート）が必要です。それさえあれば，

日本語におけるこの難問は，鮮やかに簡単に解けるのです。それでは，見抜きを行ってみてください。

**《見抜き⑩》**

　どうでしたでしょうか？　上の辞書たちが示してくれているのは，現代日本語で「時制化された過去 (tensed past)」を表すとされる「た /ta/」は，江戸時代までは「たり /tari/」であり，「たり /tari/」は「てあり /teari/」が音変化したというものでしたね。『広辞苑』でも次のように述べていました。「ある動作がなされて，その結果が今もあることを示す。動作・作用が完了し，その結果が現在もある意を表す。動作・作用が確かにあったと認める意を表す」と。

　ここでの本質は何でしょうか？「たり /tari/」の元の「て - あり /te-ari/」を構成している「あり /ari/」が示しているのは，「仕る」です。すなわち，時で言えば「イマ」を表しています。また，「て - あり /te-ari/」を構成している「て /te/」が示しているのは，コトの生起が確定していること，表現を変えれば，認知主体者がコトの生起に対して確信を持っていることを表しています。心に思い起こして確信を持ったことに対して，「て - あり /te-ari/」→「たり /tari/」→「た /ta/」が使われているのです。したがって，

コトが目の前で起こっている場合（((7a-d)）にでも，過去のこと
を自分の中で思い起こした場合（((6a, b, d)）にでも，未来のこと
を自分の中に取り込んだ場合（((7d-f)）にでも，完了・確認・確
述・強調・想起・発見・驚愕等も表すものとして，日本語では
「た /ta/」が用いられるのです。大事なのは，**日本語の「た /ta/」
は，英語で言う「過去時制（tensed past）」ではない**ことです。
「時制化された過去」とはみなさんと確認したように，認識論的
距離が「客体化」された時間軸上に具現化することで創発してい
る文法カテゴリのことでした。日本語では，認識論的距離が「客
体化」された時間軸上で具現化などしていません。**日本語がして
いるのは，事象の生起を，イマを生きている自分の意識に取り込
んで，それに対して心的な確信を得られるかどうかの判断（心的
確定）**を行っているのです。つまり日本語の時間には「イマ」し
かなく，日本語においての完了とか過去は，認知主体者が事象を
意識の中に取り込んで，その生起に対しての心的確定（「**主体化
された時間**」）として在るのです。「客体化」された時間ではなく，
「主体化」された時間として在るのです。日本語は英語と違って，
事象（モノ・コト）を「客体化」するのではなく「主体化」して捉
えていました。時間に対しても同じ原理が働いていて，**日本語に
おいては時間も「主体化」されて文法・構文に創発しています。
つまり，日本語は「時制（Tense）」という「客体的」文法カテゴ
リを持ち合わせてはいない**のです。

　そう判ると，事例（5）の日本語文において，なぜ「時制」の一
致という現象が生じていなかったのかも解けます。

(5) a.　彼はイケメンだ（である）と言われている。

　　 b.　彼はイケメンだった（であった）と言われている。

　　 c.　彼はイケメンだ（**である**）と言われて**いた**。

　　 d.　彼はイケメンだった（**であった**）と言われて**いた**。

　（5c）を例に採るならば，「だ（である）」の使用によって「イケメン」と**一般認定されている事象**が，「た」によって認知主体者の意識の中で心的に確定されていることを表しているのです。（5d）は，「だった（であった）」の使用によって「イケメン」と**一般認定された事象**が，「た」によって認知主体者の意識の中で心的に再確定されていることを表しているのです。

　なかなか凄くないですか？　日本語に「過去時制」は存在していないなんて。学校でも「た /ta/」や「たり /tari/」は時制的過去を表す助動詞と習ってきたのに，これまで学校で教えられてきたものが嘘だったのかって話になりますから。でも，これまで形容詞と呼ばれていたものが，日本語においては形容詞ではなかったということが判明した前の章の内容を踏まえれば，日本語において「時制的過去」を表す文法カテゴリは存在していないというのは，ごく合理的・論理的な帰結になります。だって形容詞の章で見たように，日本語と英語では事態把握の在り方（「認知モード」）が異なっていましたから，事態把握の在り方が異なれば，創発する構文や文法カテゴリも異なるのは，ごく自然な，合理的・論理的な帰結なのです。もし，**日本語の「知覚様態詞」もやはり英語の形容詞と同じであるし，日本語の「た /ta/」は英語の「時制的過去」を表すのと同じ文法カテゴリだと主張するのであれば，その主張は日本語と英語の事例分析を以って，日本語の事態把握の**

在り方（「認知モード」）と英語の事態把握の在り方（「認知モード」）が同じであることを論証しなければなりません。その論証ができないのであれば，この言語学的な事実は，学問を商売としている立場からくる反感や，ヨーロッパ・アメリカこそ正しいという欧米信仰や思い込みを抜きにして，学問的事実として直視されなければならないと，筆者は思います。

　こうした帰結を得たとき，筆者も当初は困惑しました。筆者が英語と日本語の研究を通して見いだしたものは，これまで日本の学校で教えられてきた日本語文法や，言語学で前提とされてきた常識と，大きく異なるものだったからです。筆者自身何度も，自分が見いだしたものが合理的検証に耐えられているのかを試してみました。古今東西のものも含み，種々の先行研究を読みながら，いろいろな角度で検討し直しましたが，見いだされた事実の合理性を覆せるものはありませんでした。そして種々の先行研究を読み継ぐ中で，先ほど事例として挙げた森田良行先生もそうですが，他にも日本語に「時制的過去」を表す文法カテゴリは存在していないし，日本語は事象を「客体的」に表せる言語ではないと明確に述べておられる学者に巡り会ったのです。それは，次のような文に依ってでした。

　　　ここで現代語の「た」について，文章の中のイメージのありようを考えてみる。助動詞「たり」から現代語の「た」ができたことは，「早く食べた，食べた」などと，人をせかすときの表現が，昔は「食べたり，食べたり」といっていたことからも知られる。「たり」は /te + ari/ と分析されて，完了の助動詞「つ」の連用形に，存続詞の「あり」がついた形と

考えられる。その意味は，「完了した動作・作用（つ）の主体が存在する（あり）」ということだろう。

　それならば，ここでも発話時点で意味をもっているのは，「あり」という言葉で示される，動作・作用を完了した主体の存在だ。したがって，現代語の「た」は，本来，西洋語のような過去を過去として指示する機能をもつものではないということになる。

　もしそうならば，「た」を西欧語の文法範疇であるテンスの枠にはめて解釈することは意味がない。「た」は，発話の現在に話し手が，完了している事象に関わる主体の存続を認めているという意味と解釈しよう。

　現代語の文章には，「る /(r)u/」で終わる文と「た」で終わる文がない交ぜにあらわれる。この「た」に西欧語の過去時制の機能を認めて，日本語は時制の統一性に欠けるというような結論を導き出してはならないのだ。

　　彼に指ざされて，私は川向うの共同湯の方を見た。湯氣の中に七八人の裸體がぼんやり浮んでゐた。
　　仄暗い湯殿の奥から，突然裸の女が走り出して來たかと思ふと，脱衣場の突鼻に川岸へ飛び下りさうな恰好で立ち，両手を一ぱいに伸して何か叫んでゐる。手拭もない眞裸だ。それが踊子だった。

　この五つの文は，その二つが「た」止め，ほかの二つがいわゆる現在形の「る」と，断定の助動詞「だ」だ。はじめの二つの「た」は，古典語ならば「つ」と「たり」を使い，最後の「た」の例，すなわち「踊子だった」の「た」は，「けり」

だろう。

　いずれも発話の現在，つまりこの物語の現在に結びついていて，いわゆる「過去形」ではない。そこで他の二つの文末——「何か叫んでゐる」「眞裸だ」——が生き生きと場面を描きだせているのだ。こういう「た」は，いずれも西欧語の過去形とは関係がない。『伊豆の踊子』全体は回想形式で書かれているので，文章はほとんど「た」止めなのだが，それは語り手が回想する過去のイメージが物語の現在に再現されているからで，この作品が西欧語の過去形を基本的な時制としてもっているというわけではない。

（熊倉 (1990: 47-48)）

　これが書かれていたのは，熊倉千之先生の『日本人の表現力と個性——新しい「私」の発見——』という本でした。また同じく熊倉先生の『日本語の深層——〈話者のイマ・ココ〉を生きることば——』という本の中には，次のような記述がありました。

　平安時代以降，純粋に過去動作「将然」の助動詞だった「キ」と，過去動作主体「現前」の「ケリ」が形骸化して，「タリ」に吸収されたのが鎌倉からあとの時代です。江戸時代には「ケリをつける」というふうに，文章の終わりを飾る意味から，面倒な事態を収拾する意味に転用されて寿命がつきてしまいました。今では「ケリ」は，「そうだっケ」のように，特別な想起表現として現代語にかろうじて痕跡をとどめています。だからといって，「たり」の「アリ」がまったくぼくたちの頭から消えて，「タ」になったわけではありません。「タ」を発音するとき，ぼくたちは間違いなく頭に過去の事象が

「現前」することを表出しているのです。

　「タリ」と「ケリ」などに「アリ」という存在詞がついてい
たという事実が，現在われわれが助動詞「タ」を使う「イマ」
という時間に，完了（「テアリ」）か過去（「キアリ」）かを「峻
別する意識」としてあります。それは完了事象なら発話の
「イマ」目の前に，過去事象なら発話者の内に蘇っている「イ
マ」かの区別を，発話者はみな無意識のうちにしているので
す。ですから，「タ」を「完了現前（ココに存在）」に使うか
「過去現前（脳裏に存在）」に使うかを，日本語話者はとまど
うことがありません。目の前に現前するか想起した過去が現
前するかは，イメージのありようで直感的に区別できるから
です。

（熊倉（2011: 131-132））

　熊倉先生は国文学・国語学を専門とされているので，認知言語
学分野で研究する筆者とは「主体」の捉え方に違いがあります。
ここにおいては，先生が「主体」と捉えておられることをむしろ
「事象」と読み替えると判り易いかと思います。なぜならば，日
本語においては「主体」と「事象」は，不可分な状態で把握され
ているからです。研究分野で用いる用語の在り方が違っていて
も，熊倉先生が見いだされたことは，筆者が見いだしたことと本
質的に同じことでした。

　さて，日本語に「た /ta/」がどうして用いられるのかいろいろ
述べてきました。日本語の「た /ta/」は「時制的過去」を表す
ではなく，「認知主体」が「事象」の生起に対して，心的確定を意
識した場合に使われる文法カテゴリであることが判りました。こ

のことが理解されると，さらに日本語の大きな秘密を明らかにすることができます。どうでしょう，みなさんの言語センスを最大限敏感にして見抜きを行ってみてください。ヒントはただひとつ，「たちつてと」が用いられている事例を自身で挙げることです。

**《見抜き⑪》**

① 「たちつてと」の事例 8 種

② 見抜き分析

　どうでしょう，どんなことに気が付かれましたか？　この見抜きにおいても事例が必要でしたね。言語の研究において，事例を抜いた分析は意味を成さないだろうと思います。多様な言語現象（言語事例）を統一的に説明できているのならば，その言語理論の妥当性は高いと判断できます。その言語理論の説明が，一部の

言語現象にしか適用できないのならば，その言語理論は偽物です。その意味で，多様な言語現象に背を向け，対象範囲をミニマム（最小限）に狭めた上で提示されている理論というのは，机上の空論に堕しているというのが筆者の見解です。さて，「たちつてと」の謎は次のような事例を作るか見つけてくだされば，解けたのではないでしょうか。

(9) a. やっと晴れた（ました）。

　　 b. これは水指だ（である）。

　　 c. 明日雨となると，野点を延期しなければならないだろう（でしょう）。

　　 d. それでは，これにて，今日のお稽古は終わりとします（です）。

　　 e. 今日のお花は侘助なので（ですが），掛花入にします。

　　 f. すると，お茶碗は朝日焼ですか。

　　 g. 萩と唐津とでは，随分な違いです（だ）。

　　 h. 今日は貴重なお時間をいただきまして，ありがとうございました。

　何か読み取れますでしょうか？　事例を読んで行くと，**心的確定を表出する場合には，「た /ta/」行音，特に「た /ta/・だ /da/・て /tɕ/・と /to/」が使われる**ことに気付かれたでしょうか？　そうなんですね，日本語の場合，認知主体が事象生起の心的確定を表出する際には「た /ta/」行音を用い，その結果，**心的確定を表す「た /ta/」行音は必ずしも動詞の語尾である必要がなく，名詞末**（(9a–c, f, g)）**にも，接続詞及び接続詞末**（(9d, f, g)）**にも，節末**（(9c–e, g, h)）**にも成りえることが可能なのです。つまり日本語の**

「た /ta/」は，「時制的過去」を表す「助動詞」ではないのです。ここに，日本語の語彙・構文生成の最大の秘密が隠されています。それはすなわち，**日本語は音自体に意味を聴き分けていること（「音象徴」[5]）**と，そして聴き分けた音の意味と意味を紡ぎ合わせることで**語彙・構文を生成している**ことです。聴き分けた音と音の意味の紡ぎ合わせで語彙・構文を生成しているからこそ，日本語は**膠着言語**[6]という分類を得ているのです。ちなみに英語は歴史において元はゲルマン語由来の屈折語として現れ来て，通時的拡張・変容の中で，孤立語の地位に就こうとしている言語と言えます。

　さて，ここまでの論証を認知図式としてまとめておきましょう。日本語は「知覚様態詞」の事例分析によって明らかになったように，認知対象を「主体化」して表出していました。そして**心的確定を表す「た /ta/」の事例分析から見いだせるように，表出された言語事象そのものも「主体化」（認識論的距離を設けずに表出）されている**のです。**言語事象が認識論的距離を設けずに表出されているということは，表出されている言語事象と「主体（話し手・書き手）」が言語論理的に分離していない**[7]ということです。このことを概括的にまとめたのが，次の認知図式となりま

---

[5]　日本語には多くの擬音語や擬態語といったオノマトペが存在しています。その数，およそ英語の3倍，1200種，その基本は4500語にも上るとされています (cf. 山口 (2002)，小野 (2007, 2009))。

[6]　膠でくっ付けて行くように音を次々に付け加えて語彙・構文を生成させている言語。

[7]　「言語論理」とは，その言語が固有に備えている事態把握のあり方のことを指します。日本語の「言語論理」とは「主体化」にあり，その結果，**コトは言＝事の関係**を持つことになり，これが「言霊」の正体です。

す。そして日本語は，この様態でコミュニケーションを図っていることも判明していきます。

図表11：日本語の事態把握と言語表現：事象の「主体化」

S = subject of conceptualization（概念化者）

## 2.6. 日本語文学作品の成立メカニズム：叙述状況への共同参加

　上記の認知図式が意味するところを理解していただけるならば，この認知図式（「**主体化**」の**認知モード**）は，これまで解かれていなかった日本文学の秘密を明かすことになります。次の文章を読んで見抜きを行ってみてください。

　　　国境の長いトンネルを抜けると雪国であった。夜の底が白くなった。信号所に汽車が止まった。向側の座席から娘が

立って来て，島村の前のガラス窓を落した。雪の冷気が流れこんだ。娘は窓いっぱいに乗り出して，遠くへ叫ぶように，「駅長さあん，駅長さあん。」

明りをさげてゆっくり雪を踏んで来た男は，襟巻で鼻の上まで包み，耳に帽子の毛皮を垂れ**ていた**。もうそんな寒さかと島村は外を眺めると，鉄道の官舎らしいバラックが山裾に寒々と散らばっているだけで，雪の色はそこまで行かぬうちに闇に呑まれ**ていた**。

（川端康成『雪国』太字強調筆者）

### 《見抜き⑫》

何が見抜けましたでしょうか？　従来「形容詞」とか「時制」とか呼ばれてきた文法カテゴリは，日本語には妥当していないことをここまで確認してきました。その理由は，日本語の**言語論理**は「客体化」ではなく，「主体化」をその中核に保持するからでした。その結果，「主体化」論理によって表出された言語現象（Event）と「主体（話し手・書き手）」との間にも，認識論的距離が生じていないのです。つまり，上記の『雪国』においては，主人公とされている島村と書き手である川端康成とは，**言語論理的に分離**していないのです。試みに「島村」にあたるところを「私」として

文章を再構築してみます。

　　　国境の長いトンネルを抜けると雪国であった。夜の底が白くなった。信号所に汽車が止まった。向側の座席から娘が立って来て，**私**の前のガラス窓を落した。雪の冷気が流れこんだ。娘は窓いっぱいに乗り出して，遠くへ叫ぶように，「駅長さあん，駅長さあん。」
明りをさげてゆっくり雪を踏んで来た男は，襟巻で鼻の上まで包み，耳に帽子の毛皮を垂れていた。もうそんな寒さかと**外を眺めると**，鉄道の官舎らしいバラックが山裾に寒々と散らばっているだけで，雪の色はそこまで行かぬうちに闇に呑まれていた。

（川端康成『雪国』筆者再構築）

　どうでしょう，何か違和感が生じるでしょうか？　違和感はなく，自然な感じだと思います。むしろ「島村」よりも「私」として書くほうが，「もうそんな寒さかと**島村は外を眺めると**」という不自然な文が，「もうそんな寒さかと**外を眺めると**」となり，日本語の感性として違和感のない自然な文になるかと思います。
　このことから判るのは，**日本語の小説は 2 人称・3 人称という文法カテゴリを言語論理（文法・構文）として話し分けるまたは書き分ける術を持たない**ということです。つまり「客体化」の論理を有していないのです。仮に「あなた」や「彼／彼女」や「島村」という 2 人称・3 人称に見える品詞を使っていたとしても，それらが言語事象として具現化する際には，「主体化」されて創発していることになります。すなわち，日本語で 3 人称小説を書くことは言語論理として不可能で，**日本語で書かれた小説は全**

て「私（1人称）小説」の域にあるのです。江戸時代に至るまで，この事実は国語学・国文学において共通して理解されているものでした。3人称小説を日本語で書くことが可能とする倒錯した思い込みは，実は明治以降からのものです。[8] 現代の視点から小説とジャンル分けされる文芸作品も，江戸時代までは「**物語**」として位置付けられていたのです。「物語」，つまり「**語り（騙り）**」なのです。「語る」のは「私」です。そしてその「語り」の最大の傑作が，紫式部による『源氏物語』でした。なぜ最大傑作であるかというと，紫式部ほど多くの他者を自身の内に棲まわした作家は，他にいないからです。同時に，中国語（漢文）を介した「客体化」の論理の存在を理解し，**日本語において中国語の枠組み（数理）を用いて「物語」を紡ぐことができた**唯一の日本人だったからです（同じ試みを夏目漱石が行うのを目にするまで，その後900年の歳月というものが必要でした）。[9] この意味で，明治から現代に至るまで，西洋文学を夢見て構築した日本文学における「3人称小説」という分野は，日本語に対する倒錯した思い込みを土台にすることで成り立っているのです。

　また日本語の「主体化」の論理で書かれた「物語」が，西洋（語）の論理の読み手に（英語等で翻訳されて読まれることになりますから），本当に理解され評価されることはないと考えます。

---

　[8] 専門書になりますが，興味をお持ちになられたのならば中野（2017）『認知言語類型論原理——「主体化」と「客体化」の認知メカニズム——』（京都大学学術出版会）を読んでみてください。この本と併せて読まれると，より詳しく理解することが可能になるかと思います。
　[9] 詳しいことを知りたい場合は，是非とも熊倉千之（2015）『「源氏物語」深層の発掘：秘められた詩歌の論理』を読んでみてください。熊倉先生の一連の著書は，広大な知識に裏打ちされた深い洞察に満ちています。

日本の文学者たちは，ノーベル文学賞といった西洋の視点の評価に拘泥する必要はないのです。日本だけでなく，アジア・アフリカ・南米の文学者たちも，西洋の視点による評価付けにこだわる必要はないのです。むしろ西洋の視点を超えた世界を，自国の国語で述べることに価値があると筆者は考えます。文学というのはその国の文化そのものでしょうから，各国の文化そのものが，ノーベル文学賞という西洋の価値観で評価付けられることをよしとはできないのです。

　上において，「主体化」の論理で書かれた日本語の「物語」を，西洋（語）の論理の読み手が本当に理解し評価できるのかという問題を提起しました。次の英文を読んでみてください。

The train came out of the long tunnel into the snow country. The earth lay white under the night sky. The train pulled up at a signal stop.

A girl who had been sitting on the other side of the car came over and opened the window in front of Shimamura. The snowy cold poured in. Leaning far out the window, the girl called to the station master as though he were a great distance away.

The station master walked slowly over the snow, a lantern in his hand. His face was buried to the nose in a muffler, and the flaps of his cap were turned down over his face.

It's that cold, is it, thought Shimamura. Low, barrack-like buildings that might have been railway dormitories were scattered here and there up the frozen slope of the mountain. The white of the snow fell away into the darkness some distance before it reached them. (*Snow Country*)

　上記の英文は，エドワード・ジョージ・サイデンステッカー (Edward George Seidensticker) という日本文学の研究者・学者が翻訳した『雪国』の冒頭です。名訳なのですが，「主体化」論理で書かれた日本語文章を，「客体化」論理の英語の文章に置き換えるため，日本語文には書かれていないモノ・コトを，または逆に書かれているモノ・コトを，書き込んだり削除したりしています。

(10) a. 国境の長いトンネルを抜けると雪国であった。

　　　　→ **The train** came out of the long tunnel into the snow country.

　　b. 娘は窓いっぱいに乗り出して，遠くへ叫ぶように，**「駅長さあん，駅長さあん。」**

　　　　→ the girl called to the station master as though he were a great distance away.

　　c. もうそんな寒さかと島村は外を眺めると，

　　　　→ **It's that cold, is it, thought** Shimamura.

　　d. 鉄道の官舎らしいバラックが山裾に**寒々と散らばっている**だけで，雪の色はそこまで行かぬうちに**闇に呑まれていた。**

　　　　→ Low, barracklike buildings that might have been railway dormitories were scattered here and there up the frozen slope of the mountain. The white of the snow fell away into the darkness

86

some distance before it reached them.

　「寒々と散らばっている」や，「雪の色はそこまで行かぬうちに闇に呑まれていた」等の日本語表現に込められた情感も，英語に移し替えられると情感として感じることが難しくなります。その理由のひとつとして，名詞の複数形や不定冠詞・定冠詞の使用で，認知の対象が常に「客体化」されることも挙げられるのです。簡単に言うと，**英語で書かれた *Snow Country* は，描写場面を外部から見るものになっており，日本語で書かれた『雪国』のように，読者は描写場面の中で見るものとならないのです。**つまり，「主体化」論理の日本語で書かれている場合，ぼくたちは描写場面の内部へと入っていくことが可能です。しかし，「客体化」論理の英語で書かれている場合には，ぼくたちは描写場面を外から見ていることになります。それが，「国境の長いトンネルを抜けると雪国であった」が，'The train came out of the long tunnel into the snow country.' という表現を採る理由なのです。また，「信号所に汽車が止まった」と描写される「汽車」には，作者である「島村」と読者である私たちが乗り合わせていますが，'The train pulled up at a signal stop.' と描写される 'train' に，私たちは乗り合わせている感覚を持つことはできません。そのことが，「娘は窓いっぱいに乗り出して，遠くへ叫ぶように，『駅長さあん，駅長さあん。』」という臨場感を持った日本語表現が，'Leaning far out the window, the girl called to the station master as though he were a great distance away.' という臨場感のない表現に変わる理由なのです。このことを英語と日本語の認知図式（「認知モード」）として，再度まとめておきましょう。

図表 12A： 日本語の事態把握と言語表現
　　　　　　──「主体化」された言語事象の共有（文学作品）

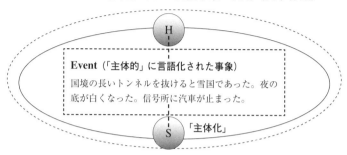

図表 12B： 英語の事態把握と言語表現
　　　　　　──「客体化」された言語事象の共有（文学作品）

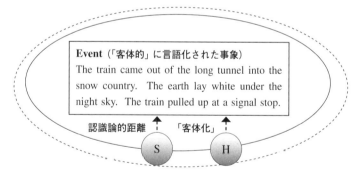

S = subject of conceptualization（概念化者）/ speaker・writer（話し手・書き手）
H = hearer / reader（聞き手・読み手）

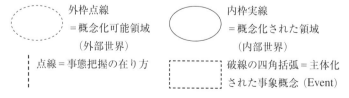

88

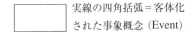
実線の四角括弧＝客体化
された事象概念 (Event)

　単純な図に見えるかも知れませんが，認知主体が自身と「言語
化された事象」との間に認識論的距離を設けた様態でコミュニ
ケーションを図るのか，それともそうでないのかの違いは，大き
な異なりを産み出します。

　たとえば，日本語においては提題を表す助詞とされる「は」と，
格助詞とされる「が」の使い分けがありました。日本語において
は，「言語化された事象」との間に認識論的距離を設けない様態
でコミュニケーションを図っているからこそ，「今日のお昼はど
うしました」の文に対して，**共同注視のマーカーである「は
/wa/」**の使用によって「共同注視の場」の創発が図られ，「ぼくは
鰻でした」という表現を返すことができるのです。日本語の助詞
とされる**「は /wa/」のコミュニケーション機能とは，「共同注視
（joint attention）の場」**の設定にあるのです。「は」の使用によ
る提題とされることで，「場」の共有，つまり「社会化」というも
のが図られているのです。そして，その「共同注視の場」に新た
な情報が導入されるときには，「は /wa/」ではなく，格助詞と呼
ばれてきた**「が /ga/」**が用いられることになります。ただここで
は，「は /wa/」と「が /ga/」の使用に託されている日本語の深遠
な思惑に，これ以上深く立ち入るのは止めておきましょう。


## 2.7. 第 2 章のまとめ

　ここまで見抜き及び論証してきたものをまとめてみましょう。

① 言語における構文及び文法カテゴリというのは，その言語に用いられている「**認知モード（a cognitive mode）**」による事態把握が，「**類像的（iconic）**」に創発したものである。

② 英語の「認知モード」は「主体」と「対象」を分離して捉えるものであり，この「認知モード」を「**客体化の認知モード**」と名称することができる。

③ 「客体化の認知モード」によって把捉されている「事象」は，「主体」からは離れたもの，つまり認識論的に距離があるものとして認知空間上に位置づけられる。

④ 「客体化の認知モード」によって把握された「事象」に対する認識論的距離が，「時制（Tense）」と呼ばれる文法カテゴリの創発動機であり，不可逆的直線一方向とされる「**客体化された時間軸**」上に，英語の「事象」は位置づけられる。

⑤ 「客体化された言語事象」までの認識論的距離を「時制（Tense）」として「類像的」に表しているのが，典型的には英語における規則動詞（起源は「弱変化動詞」）への 'ed' 語尾の付加である。

⑥ 英語の「言語化された事象」までの認識論的距離という原理は，「仮定法」にも適用されている。そこでは「現実次元」と異なる「仮定次元」までの認識論的距離というものが，「仮定法の時間」として創発している。

⑦ 日本語の「認知モード」は「主体」と「対象」を分離して捉えておらず，この「認知モード」を「**主体化の認知モード**」と名称することができる。

⑧ 「主体化の認知モード」によって把捉されている「事象」は，「主体」から認識論的距離を持った「客体的」なものとしては把捉されていない。この**「主体化の認知モード」によって把捉された日本語の事象はすべて，認知主体の意識の流れである「イマ」という時間の中でしか創発していない。**

⑨ これまで日本語の「時制的過去」とされてきた助動詞とされる「**た /ta/**」は，「時制的過去」を表す文法カテゴリではなく，認知主体の事象生起に対する「**心的確定**」を表す文法カテゴリである。その結果，**名詞末や，接続詞・接続詞末，節末に成ることも可能**となっている。

⑩ 日本語は「時間」を「客体化」された認知空間上の認識論的距離として把捉していない。したがって，**日本語に不可逆的直線一方向とされる「客体化された時間軸」上での「時制の一致」という言語現象は生じない。**

⑪ 日本語（やまとことば）は音自体に意味を聴き取る（「**音象徴**」原理の）言語であり，その語彙・構文は，「音象徴」を基盤とする**意味と意味の紡ぎ合わせによる膠着原理**によって生成されている。各語の一音一音が意味を持つことで，語が形成されている。

⑫ 日本語においては「言語化された事象（Event）」の共有も，「主体化の認知モード」によって行われる。

⑬ 逆に，英語においての「言語化された事象（Event）」の共有は，「客体化の認知モード」によって行われる。

⑭ 日本語では「言語化された事象（Event）」の共有が「主体化の認知モード」によって行われることから，読み手

　　　　　が文芸作品 (小説) の叙述場面に存在する効果が生じる。

　英語の「時制 (Tense)」の共時的事例分析から，英語は事象を
「客体化」された認知空間上で認識論的距離を以って生起するも
のとして捉えていることが判りました。「客体化」された認知空
間上に生じるものであるからこそ，それぞれの事象間にも「認識
論的距離」が存在し，その「認識論的距離」が「類像的」に創発
したものこそが，英語の「時制 (Tense)」という文法カテゴリの
正体でした。

　一方，日本語の「た /ta/」の共時的・通時的[10]事例分析から，
日本語は事象を「客体化」された認知空間上に生起するものとし
ては捉えず，自己の意識の中での生起 (「主体化」された事象) と
して捉えていることが判りました。このことから，日本語の言語
化された事象には認知主体の意識の流れとしての「イマ」しかな
く，「時制的過去」という文法カテゴリは創発していませんでし
た。ここでも，英語と日本語のモノ・コト (「事象」) の捉え方が，
構文・文法の違いとして「類像的」に顕れていたのです。

　「類像性」というパースペクティブで各言語の事例を分析する
ことから，各言語の構文・文法カテゴリ創発の認知メカニズムを
明らかにすることができます。つまり，**各言語が世界をどのよう
に解釈しているのかを「類像性」を介した文法・構文の分析に
よって見いだすことができる**のです。言語における文法や構文っ
て，言語という謎を解くための鍵になっているのですね。そして

---

　[10] 共時的・通時的というのは言語学用語なのですが，荒っぽく言えば，共
時的というのは同時代的水平方向を，通時的というのは歴史的垂直方向の視
点と思ってもらえればよいと思います。

その鍵は，誰の目からも隠されたものにはなっていません。ただ，その鍵が「見（観・看）えている」のかどうかは，言語事例をありのままに合理的・論理的に分析できているのかという，また別の問題なのです。

# 第 3 章

英語の '\'Voice\'' と日本語の「態」は
同じものなのか？

　日本語の文法に関して，どうしてこのような混乱が生じているのでしょう？　日本語文が英語に比べて可笑しな言語であるからでしょうか？　そんなはずはないですね。日本語は，細やかな情感を表すことや，他者の存在を前提にした表現の工夫の多さなど，多くの良さを持った言語だと筆者は思っています。この言語は有用で，あの言語は有用でないなどといった，商取引のターム（用語）による価値付けができるようなものではないはずです。

　私たちが合理的推論を行っていると思っていても，その推論が袋小路に入ってしまう場合，立ち止まって考えなければならないことは，私たちの思考を規定し枠組んでいるもの，すなわち，もの事を考える上での私たちのパラダイム自体が間違っているのではないかということなのです。思想及び哲学の話になってしまいますが，現代哲学の中心課題とは，実はリチャード・ローティ（Richard M. Rorty, 1967）という哲学者も指摘していたように，言語の問題なのです。ここでいうパラダイムにおける誤謬とは，**日本語を含む世界中の言語が，英語を代表とする近代ヨーロッパ標準諸語と同じ論理で成り立っている，表現を変えると，世界中の言語が英語と同じ事態把握・世界解釈をしているという思い込みと前提**なのです。もう少し明確にすれば，すべての言語は事象を「客体的」に表しているという思い込みと前提なのです。筆者が重要だとしている「構造主義」という 20 世紀の知的ムーブメントの中心課題は，実はここにあったのです（極めて重要な問題が潜んでいます）。

　明治の時期，日本は西洋からいろいろな文物を大急ぎで大量に

取り入れました。近代史の中で，国が国として生き残るために必要なことであったと思います。世界史において生き残りを賭けた西洋的近代化を推し進める中で，英語を含む近代ヨーロッパ標準諸語に触れた日本の言語学者たちは，これらの言語にある文法カテゴリは，日本語にも妥当すると考えました。近代ヨーロッパ標準諸語[1]の文法カテゴリとは，「格（case）」とか，「主語（subject）」とか，「時制（tense）」・「態（voice）」とかいったものです。これらの文法カテゴリが日本語になければ，日本語は二等言語だという脅迫観念みたいなものがあったのかも知れません（今でもあると思いますけど）。

　私たちはひとのことを笑える立場にはありません。自分たちがあるパラダイム内で思考している場合，自分たちの思考を枠組んでいるパラダイム自体を意識化するのは，原理的に不可能に近いからです。ただし，この壁を打ち破ることができたとき，異なるパラダイムへと出られたとき，世界が昨日までと違って見えるようになるのは確かです。マトリックスの世界で覚醒したネオとして，世界が見えるようになるのです。筆者が案内させてもらっているシン・認知文法論，認知言語類型論という学問分野は，この異なる世界への扉として存在しています。

---

[1]「近代ヨーロッパ標準諸語（Modern Standard Average European）」とは，ゲルマン諸語であるスウェーデン語，デンマーク語，ノルウェー語，オランダ語，ドイツ語，英語や，ラテン語派生であるロマンス諸語のフランス語やロマンシュ語等を指します。これらの言語においては，「主語（subject）」という文法カテゴリが，言語における義務的な統語規則になっています。

## 3.1. 英語の 'Voice（態）' の創発動機

　ここにおいても，これまでと同じ証明法を採っていきたいと思います。まず，英語の 'Voice（態）' という文法カテゴリが，どのような認知動機・事態把握によって創発しているのかを明らかにします。その後，日本語の「態」と呼ばれている文法カテゴリも，英語と同じ認知動機・事態把握によって創発しているものなのかを検証することにします。同じ認知動機・事態把握によって創発しているのであれば，英語の 'Voice（態）' と日本語の「態」は同じ文法カテゴリであると言えます。異なる認知動機・事態把握によって創発しているのであれば，異なる文法カテゴリということになります。大丈夫です，ぼくらは心強い武器を手にしていますから。その名は**「類像性（iconicity）」**でした。

### 3.1.1. 「他動詞構文」の正体

　さて，英語には「能動態（active voice）」と「受動態（passive voice）」というのがあるのをご存じだと思います。能動態の文を受動態に変えなさいとか，受動態の文を能動態に変えなさいとかの文法問題も出たりしますよね。実は後にお話しすることになるかと思いますが，英語には中動態（「中間構文」）というものもあるのです。これはとても不思議な特徴を持つ構文なのですが，このことは後ほど見ていくことにしましょう。

　英語の「能動態（active voice）」文の例として，二つの文を挙げてみます。二つの英文に対する日本語訳は同じになります。ただし，認知文法論・認知言語類型論が言語を研究する際に大切にしている原理があって，それは**「形式が異なれば意味も異なる」**

というものなのです。これって逆に言えば，**「異なる意味は異なる形式を生み出している」**ってことなのですが …。みなさんは，このことに気付いておられましたか？

(1) a.　John sent Alice a bouquet of red roses.

b.　John sent a bouquet of red roses to Alice.

　上記の英文事例の日本語訳は共に，「ジョンはアリスに赤いバラの花束を送った」になりますよね。日本語のおいては一つの形式になるこの表現が，英語においては二つの形式で表すことが可能だということです。「形式が異なれば意味も異なる」という原理がここでも妥当するとするならば，上記の英語の事例が表している意味の違いは何でしょうか？　見抜いてみてください。ヒントはやはり，「類像性 (iconicity)」にあります。

**《見抜き⑫》**

　どうだったでしょう，見抜けましたか？　上記英語の事例 (1a, b) を比べると，(1a) において間接目的語 (Indirect Object) に当たる 'Alice' と直接目的語 (Direct Object) に当たる 'a bouquet of red roses' は隣接していますが，(1b) において直接目的語 (Direct Object) に当たる 'a bouquet of red roses' の後に前

置詞 'to' が挿入されることで，間接目的語（Indirect Object）に当たる 'Alice' との間に距離が設けられていることに気が付きます。みなさんはもし「ジョンはアリスに赤いバラの花束を送った」という日本語文が与えられ，これを英語にしなさいと言われたら，（1a, b）どちらの英文を書かれるでしょうか？ 'send' という動詞を他動詞（transitive Verb）として理解している場合，日本人が無理なく書ける英文は（1b）の 'John sent a bouquet of red roses to Alice.' のほうではないかと思います。筆者自身「ジョンはアリスに赤いバラの花束を送った」という日本語表現を，（1a）の 'John sent Alice a bouquet of red roses.' という S（主語）＋ t-V（他動詞）＋ IO（間接目的語）＋ DO（直接目的語）形式で書くことには，直観的に違和感を覚えるのです。その理由は，力の伝わり方（認知言語学ではこれを「**力動性の伝達（transmission of force dynamics）**」と呼びます）の順序が，自然ではないと感じるからです。力の伝わり方（「力動性の伝達」）から言えば，S ＋ send ＋ DO（直接目的語）＋ IO（間接目的語）になるのが普通であるはずですが，英語にこの構文は存在しなくて，あるのは S ＋ send ＋ O（目的語）＋ to ＋ O（前置詞に対する目的語）の構文か，S ＋ send ＋ IO（間接目的語）＋ DO（直接目的語）の構文なのです。もう一度改めて（1a, b）の事例を見てみます。

(1) a. John sent Alice a bouquet of red roses.

b. John sent a bouquet of red roses to Alice.

見抜けることは，**(1a)** の事例は「力動性の伝達」の結果（「**物を送って，人が受け取っている**」という解釈・意味）を述べていて，**(1b)** の事例は「力動性の伝達」の途中経過（「**物を送っては**

いるが，**人が受け取っているかは不明**」という解釈・意味）を述べているということです。したがって，(1a) のほうは，「力動性の伝達」の結果を前面に出し（同じように認知言語学ではこうした現象を**「前景化」**と呼んでいます），また二つの目的語の間に 'to' という前置詞を挿入しないことで，「力動性の伝達」に途切れがないことを表しているのです。逆に (1b) においては二つの目的語の間に 'to' という方向を表す前置詞を挿入することで，「力動性の伝達」が直接に及んでいるのは目的語の 'a bouquet of red roses' までであることを表しているのです。つまり (1b) においては，「力動性の伝達」は 'a bouquet of red roses' までは及んでいるが，その後に関しては 'to' という前置詞によって方向性が示されているだけで，実際に 'a bouquet of red roses' が 'Alice' によって受け取られたかどうかは不明であるという意味なのです。気が付かれましたか？ ここでもやはり「類像性（iconicity）」の原理が顔を覗かしているのです。**(1a) においては二つの目的語（'a bouquet of red roses' と 'Alice'）を隣接させる（つまり距離を設けない）ことで，「力動性の伝達」に途切れがないことを表しています。逆に (1b) においては二つの目的語の間に前置詞 'to' を挿入する（つまり距離を設ける）ことで，「力動性の伝達」は完遂されていないことを表しているのです。**このことを図化すると次のようになります。

図表 13：「二重目的語他動詞構文（ditransitive construction）」と
　　　　「力動性（force dynamics）の伝達」（完遂）── 事例（1a）

S = Subject（主語）
O = Object（目的語）

John sent Alice a bouquet of red roses.

**Origin Argument**　　**Attainment Argument**　**Transmission Argument**
（力動性の始発項）　　（力動性の到達項）　　　（力動性の伝達項）

図表 14：「単一目的語他動詞構文（transitive construction）」と
　　　　「力動性（force dynamics）の伝達」（途中経過）── （1b）

S = Subject（主語）
O = Object（目的語）

John sent a bouquet of red roses **to** Alice.

**Origin Argument**　　**Transmission Argument**　　**Direction Argument**
（力動性の始発項）　　（力動性の伝達項）　　　　（力動性の方向項）

　図表 13 及び図表 14 に示されている意味図から，'John sent Alice a bouquet of red roses, *but she didn't receive it.' は言えませんが，'John sent a bouquet of red roses to Alice, but she didn't receive it.' は言うことが可能となるのです。どうでしょう，ここにおいてもきちんと「形式の違いは意味の違い」になっていませんか？ またそこにおいて，「**力動性伝達の直接性**」が減じないときには，きちんと目的語に当たる二つの項が隣接していますし，「**力動性伝達の直接性**」が減じられるときには，きちんと目的語に当たる二つの項の間に前置詞 **'to'** が挿入されることによって，距離が設けられているのです。このように，**言語形式**

（構文・文法）は「類像性（iconicity）」を介して，きちんとその意味（事態把握の在り方）を語ってくれているのです。言語形式（構文・文法）と意味（事態把握・世界観）の関係は，「類像性（iconicity）」を媒体にして現れて（認知言語学では「**創発**」と呼んで）います。なかなか凄くないですか？　言語学者たちは，どうしてこの原理にもっと関心を寄せようとしないのでしょうかね？

### 3.1.2.　英語の 'Infinitive Construction（不定詞構文）' の正体

　どうでしょう，「二重目的語他動詞構文」と「単一目的語＋前置詞 to ＋名詞（前置詞の目的語）他動詞構文」の意味的な違いを，納得していただけたでしょうか？　こちらに本質を見抜くだけのセンスに裏打ちされた知性，もしくは，知性に裏打ちされたセンスがあれば，言語って，または世界って，随分多くのことを語ってくれると思います。もうひとつ，言語の意味と形式の関係が，いかに「類像性」を介して表れているかの事例を見てみましょう。ここでの見抜きによって，みなさんが高校で習っている「使役動詞構文（causative verb construction）」と呼ばれているものや，「動詞＋目的語＋to 不定詞構文」と呼ばれているものの正体を掴むことが可能になります。

　高等学校の英語の授業で，通常「使役動詞構文」として教えられるものには 3 パターンありましたよね。使役動詞 'make' を用いる場合と，使役動詞 'have' と 'get' を用いる場合，そして使役動詞 'let' を用いる場合の 3 パターンでした。

　(2)　a.　She made her children clean their rooms.
　　　　　　⇔ 彼女は子どもたちに部屋を掃除させた。

b. He had his secretary fax the information.

⇔ 彼は彼の秘書にその情報をファックスさせた（してもらった）。

c. I got my brother to help me with my homework.

⇔ 私は兄に宿題を手助けしてもらった。

d. My parents let me study art history in graduate school.

⇔ 私の両親は，大学院で芸術史を勉強させてくれた。

　上記の使役動詞 'make・have・get・let' を用いた構文の説明において，よく使われる文言は「使役の強さの違いを表す」というものではないでしょうか。つまり，使役動詞 'make' は強制的に「〜に〜させる」，使役動詞 'have・get' は中立的に「〜に〜させる／〜に〜してもらう」，使役動詞 'let' は許可として「〜に〜させてあげる」という意味を持つと説明されていなかったでしょうか？ ただここでもよく見れば違いはありますよね。具体的には使役動詞 'have' と 'get' の使い方で，(2b, c) を見れば，(2b) の使役動詞 'had' のほうは目的語の後に「原形不定詞（to が付かない動詞の原形）」が来ていますが，(2c) の使役動詞 'got' のほうは目的語の後に「to 不定詞」が来ています。認知文法論・認知言語類型論の重要な原理は何だったでしょうか？ そうでした，「形式は意味（事態把握の在り方）を表し，形式の違いは意味（事態把握の在り方）の違いを表す」というものですよね。そのことを踏まえれば，使役動詞 (2b) の 'have' においては「原形不定詞」が続き，使役動詞 (2c) の 'get' においては「to 不定詞」が続くのは，意味（事態把握の在り方）の違いがあるからで

はないでしょうか？ このことを違う角度から問うことも可能になります。それは（2a, b, c, d）の使役動詞構文を次のように書き換えたときに，意味が異なってくるのかという問いです。

(2) a′. She forced / caused her children to clean their rooms.

　　　　⇔ 彼女は子どもたちに部屋を掃除させた。

　　b′. He ordered / asked his secretary to fax the information.

　　　　⇔ 彼は彼の秘書にその情報をファックスさせた（してもらった）。

　　c′. I persuaded / convinced my brother to help me with my homework.

　　　　⇔ 私は兄に宿題を手助けしてもらった。

　　d′. My parents allowed / permitted me to study art history in graduate school.

　　　　⇔ 私の両親は，大学院で芸術史を勉強させてくれた。

　（2a-d）と（2a′-d′）においては使われている動詞も異なっていますので，動詞個々の本来的な意味の違いにおいて異なりがあります。ただしここで問題にしようとしているのは，「使役動詞構文」と呼べるような一連の表現形態において，なぜ片方には「原形不定詞」を用いる構文グループが存在し，なぜもう一方に「to不定詞」を用いる構文グループが存在しているのかということなのです。すべて「to不定詞」が用いられていてもよさそうですし，すべて「原形不定詞」が用いられていても良さそうな気がしませんか？ 高校生でこれらの構文を知ったとき，結構不思議で

した。理由が判らなかったのです。教師になっても幾度か文献を読みながら考えてみましたが，納得の得られる合理的説明を得ることができませんでした。ところが，第2章の事例（1）の前置詞 'at・with・in' の使い方によって，英語において時間は空間概念によって表されていることを見いだしたり，事例（1b）において，'to' という前置詞が項と項の間に挿入されると「力動性の伝達」が完遂されていないのだということに気がついたりすると，ぼんやりと見えるものがあったのです。そしてそのぼんやりと見えかかっていたものは，'make・have・let' を用いた「使役動詞構文」と同じく，'see・look at・watch・hear・listen to・feel' 等を用いた「知覚動詞構文（perceptive verb construction）」を分析していたときに，その姿を突然はっきり見いだすことができたのでした。

(3) a. Rob saw Mary cross the street.
　　　⇔ ロブはメアリーが通りを渡るのを目にした。

　　b. She watched her daughter go to sleep in the bed.
　　　⇔ 彼女は彼女の娘がベッドで眠り込むのを見守った。

　　c. He heard someone knock the door last night.
　　　⇔ 彼は昨夜誰かがドアをノックするのを耳にした。

　　d. Ellen felt a slight chill creep up her spine.
　　　⇔ エレンは背筋に軽く悪寒がするのを感じた。

　上記の（3a-d）の「知覚動詞構文」においては，「原形不定詞」の部分を「現在分詞（present participle）」に置き換えた構文（「〜が〜しているのを見たり・聞いたり・感じたり」の意味）にする

ことは可能ですが，使役動詞 'get' の場合のように構文内で「to
不定詞」を用いることはできません。なぜ「知覚動詞構文」にお
いて「原形不定詞」は使われて，「to 不定詞」は用いられないの
でしょうか？　その謎を解く鍵は，「英語において時間は空間概念
によって表され，'to' という前置詞が項と項の間に挿入されると
力動性の伝達は完遂されていない」ということにあります。上記
(3a-d) の「知覚動詞構文」において，なぜ「原形不定詞」が用い
られ，「to 不定詞」は用いられないのかを見抜いてみてください。
センスと知性をミックスして事例に当たってみてくださいね。

《見抜き⑬》

ーーーーーーーーーーーーーーーーーーーーーーーーーーーーーー

ーーーーーーーーーーーーーーーーーーーーーーーーーーーーーー

ーーーーーーーーーーーーーーーーーーーーーーーーーーーーーー

ーーーーーーーーーーーーーーーーーーーーーーーーーーーーーー

　どうでしょう，見抜けましたでしょうか？　鍵はやはり「知覚
動詞」でした。(3a-d) の「知覚動詞構文」において，描かれてい
る「事象 (event)」[2] は実は二つあります。ひとつは「見る・聞く・

---

　[2]「事象 (event)」って，簡単に言うとコト (事) のことです。コトが成立す
るためには，それを構成するモノやヒトが必要になります。モノやヒトの行
動がなかったり，モノやヒトによる状態が生じていなければ，コト (事) とい
うものは成立していません。そのことから，英語において「事象 (event)」が
成立するための必須要件は，「動詞」の存在になります。英語においてイベン
トを表すためには「動詞」を用いることが必要で，逆に「動詞」が用いられて
いない表現は文ではなく，つまりイベントを表していないのです。

感じる」というイベント（事象）です。もうひとつは，「通りを渡る・眠り込む・ドアをノックする・悪寒がする」といったイベント（事象）です。英語においては「動詞（verb）」という文法カテゴリが，イベントという概念が成立するための要件になっています。なぜならば英語において，「動詞」がなければ「文（sentence）」という文法カテゴリは成立しません。英語は「主語−動詞」という統語規則を守って初めて文（「事象」）を創発させられる言語なのです。ここで大事なのは，「見る・聞く・感じる」という「動詞」によるイベントと，**「通りを渡る・眠り込む・ドアをノックする・寒気が這い上がる」という「動詞」によるイベントが同時でなければ，上記（3a-d）の「知覚動詞構文」は成立しない**ということなのです。「通りを渡る・眠り込む・ドアをノックする・寒気が這い上がる」といったイベントがすでに終了してしまっていたら，それを「見たり・聞いたり・感じたり」することはできませんよね。「見たり・聞いたり・感じたり」することと，「通りを渡る・眠り込む・ドアをノックする・寒気が這い上がる」ことが，同時であることが必要なのです。そして「知覚動詞構文」において，**この二つのイベント生起の同時性を文法として保証しているのが，'to' の付かない「動詞」の原形，つまり「原形不定詞」なのです。**

　思い返してください。「二重目的語他動詞構文」において，間接目的語と直接目的語が隣接している場合は，「力動性の伝達」における直接性は失われていませんでしたよね。「力動性の伝達」における直接性が失われていないということは，ものを送って受け取るといった授受のイベントが完遂されたことを示しています。そして授受のイベントが完遂されたものであるということ

は，その授受のイベントにおける時間も連続したものであること
を表しているのです。つまり，送って受け取るまでが一連の流れ
としてあるイベントなのですね。

  (1) a.　John sent Alice a bouquet of red roses.

図表13：「二重目的語他動詞構文（ditransitive construction）」と
　　　　「力動性（force dynamics）の伝達」（完遂）── 事例（1a）

S = Subject（主語）

O = Object（目的語）

S　　　O₂　O₁

John sent Alice a bouquet of red roses.

**Origin Argument　　Attainment Argument　　Transmission Argument**
（力動性の始発項）　　　（力動性の到達項）　　　　　（力動性の伝達項）

  逆に「単一目的語 + 前置詞 to + 名詞（前置詞の目的語）から成
る他動詞構文」の場合は，イベントを構成する項と項は前置詞
'to' によって分けられていますから，「力動性の伝達」における
直接性が途中で失われていることになります。したがって，授受
のイベントは連続したものにはなっておらず（花束が受け取られ
たかは判らないという意味です），結果として，授受のイベント
における時間の連続性も保証されていないのです。

  (1) b.　John sent a bouquet of red roses to Alice.

図表 14：「単一目的語他動詞構文（transitive construction）」と
　　　　　「力動性（force dynamics）の伝達」（途中経過）――事例
　　　　　(1b)

John sent a bouquet of red roses **to** Alice.

**Origin Argument**　　**Transmission Argument**　　**Direction Argument**
（力動性の始発項）　　　（力動性の伝達項）　　　　（力動性の方向項）

　気付きますか？ 項（典型的には「名詞」のことです）と項の間
に‘to’が挿入されることで，項と項の間に**認識論的距離**が生じ
ています。項と項の間に認識論的距離が生じているということ
は，「力動性の伝達」においてその直接性が減じているというこ
とでした。この認識論的距離を生じさせている前置詞の‘to’が，
他動詞＋目的語＋（他／自）動詞構文の二つある「動詞」の片方
に付与されているということは，先行している「動詞」と‘to’が
付与された「動詞」の間に，認識論的距離が生じていることにな
ります。

　おそらく世界中の言語のすべてだろうと推測していますが，英
語においても「時間」という概念は「動詞」によって表されてい
ます。と同時に，英語は「時間」という概念を「時制（Tense）」
という文法カテゴリとして具現化するために，「認識論的距離」
という空間概念を「時間」に転用しているのでした。具体的には
規則動詞の語末に‘〜ed’等を付加し，動詞を長形化することで，
イベントを時間軸上の「現在（present）」よりも遠いもの（「過去
（past）」）として表していました。それが**認識論的距離**という

事態把握に基づいた「時制（**Tense**）」と呼ばれている文法カテゴリの正体でした。

図表6：英語の「事態把握」と「時間」の関係（再掲）

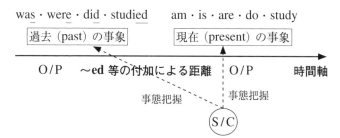

S＝Subjet（概念化の主体者）／C＝Conceptualizer（概念化者）
O＝Object（概念化の対象）／P＝Profile（概念の前景化）

　このことから，「時間」を表している二つの「動詞」の間に 'to' を挿入するということは，二つの「動詞」の「時間」の間に認識論的距離が挿入されていることになります。英語は「認識論的距離」という概念を「時間」に転用して「時制（Tense）」という文法カテゴリを生み出していましたから，**「時間」における認識論的距離というのは，「時間差」のこと**です。つまり，'to' が付与されている「動詞」の時間と，それに先行している「動詞」の間には「時間差」があるということを表しているのです。したがってその「時間差」というのは，先行している「動詞」よりも先，つまり「未来方向」だということになります。なぜならば，英語において「時間」というのは，線状不可逆的（難しく言っていますね，無視しておきましょう）一方向に流れるものと考えられていますから（日本語は違いましたね），'to' ＋「動詞の原形」で表

される「to 不定詞」の「時間」とは，先行している「動詞」から方向付けられた「時間」，つまり先行する「動詞」の「その後」へと方向付けられていることを表しているのです。このことを踏まえて，もう一度事例 (2) (3) を見てみてください。

(2) a. She made her children clean their rooms.

   a′. She forced/caused her children to clean their rooms.

     ⇔ 彼女は子どもたちに部屋を掃除させた。

   b. He had his secretary fax the information.

   b′. He ordered/asked his secretary to fax the information.

     ⇔ 彼は彼の秘書にその情報をファックスさせた（してもらった）。

   c. I got my brother to help me with my homework.

   c′. I persuaded/convinced my brother to help me with my homework.

     ⇔ 私は兄に宿題を手助けしてもらった。

   d. My parents let me study art history in graduate school.

   d′. My parents allowed/permitted me to study art history in graduate school.

     ⇔ 私の両親は，大学院で芸術史を勉強させてくれた。

(3) a. Rob saw Mary cross the street.

     ⇔ ロブはメアリーが通りを渡るのを目にした。

   b. She watched her daughter go to sleep in the bed.

     ⇔ 彼女は彼女の娘がベッドで眠り込むのを見守った。

c. He heard someone knock the door last night.
   ⇔ 彼は昨夜誰かがドアをノックするのを耳にした。

d. Ellen felt a slight chill creep up her spine.
   ⇔ エレンは背筋に軽く悪寒がするのを感じた。

　事例 (3a–d) の「知覚動詞構文」においては「to 不定詞」は用いられません。なぜならば、「知覚動詞構文」内における二つのイベント（見る・聞く・感じるイベントと、見られ・聞かれ・感じられるイベント）間に時間差があってはならず（そもそも同じ時間内でなければイベントを「見る」ことも、「聞く」ことも、「感じる」こともできませんでしたから）、したがって二つのイベントの生起を表す動詞も時間差がないことを示さなければならないのです。このことから、**認識論的距離（時間差）が生じていることを表す 'to' が付加された「to 不定詞」を「知覚動詞構文」には用いることはできず、認識論的距離（時間差）が生じていないことを表す「原形不定詞」が用いられなければならないのです。**

　事例 (2a, b, d) の「使役動詞構文」において、「to 不定詞」ではなく「原形不定詞」が用いられているということは、使役動詞 'make・have・let' の使用によって「目的語」にさせるイベントは、連続時間内だということが理解できました。事例 (2a, b, d) において、「子どもたちが部屋を掃除する」イベントも、「秘書がその情報をファックスする」イベントも、「（私が）大学院で芸術史を勉強する」イベントも、'make・have・let' によって表される使役イベント（「〜に〜させる／してもらう／させてあげる」）との間で、時間差がないことが表されているのです。つまり「目的語」にさせる使役イベントと、「目的語」が何かを遂行するイ

ベントが，時間的に連続していることを，この'to'の付与のない「原形不定詞」を用いる「使役動詞構文」は表しているのです。そうすると，（2c）の使役動詞'get'の事例においては，なぜ「原形不定詞」ではなく「to 不定詞」が用いられているのかという問題が残りますよね。実は使役動詞'get'は，「頼んだり・説得したりして，〜に〜してもらう」という状況で使われるものであって，他の事例で見られるように，仕事や上下関係を拠り所にして当然のごとく「宿題を手助けしてもらう」訳にはいかないのです。「兄に宿題を手助けしてもらう」ためには，当たり前ですが，「頼んだり，交渉したり，説得したり」しなければなりません。「力動性の伝達」がスムーズにいくものでもなく，またその場ですぐに「力動性の伝達」が完遂されるものでもないのです。だから，時間差を示さない「原形不定詞」を用いることはできず，時間差を示す「to 不定詞」が用いられることになるのです。そうすると，事例（2a′-d′）の構文が表している意味が理解できますよね。事例（2a′-d′）の構文において「原形不定詞」ではなく「to 不定詞」が用いられているということは，「〜が〜するよう強いたり（force）・させたり（cause）・命じたり（order）・頼んだり（ask）・説得したり（persuade）・得心させたり（convince）・認めたり（allow・permit）」して，**「目的語」に何かを完遂してもらうのに時間差が生じることを表しているのです。時間差が生じるために「原形不定詞」を用いることはできない**のです。

### 3.1.3. 英語の 'Passive Voice（受動態）' の正体

どうでしょう？ 何と合理的な原理だと思いませんか？ 筆者はこうして合理的結論を見いだした時，とても感動しました。言語

というのは誰か特定の個人が作り出したものではありませんよね。長い年月を掛けて，言語を用いようとした民族・集団が生み出してきたものです。言語が生み出されるとき，生物としての，また，環境内においての制約を受けます。生成文法が夢見るような予め定められた普遍文法などは存在していません。しかし，民族・集団内で言語が生み出される際にも無意識のレベルで，**きちんとした合理性（特定の世界解釈・事態把握・認知モード・言語論理）に基づいて言語は生み出されているのです。各言語の文法とは，その言語を生み出してきた民族・集団の無意識のレベルでの「世界解釈・事態把握」のあり方が，「認知モード・言語論理」を介して合理的に反映された結果**なのです。そしてその反映のされ方が，何度も述べていますが，**「類像性（iconicity）」という様態を採る**のです。各言語の文法って，退屈な暗記科目じゃないのですよ。このことが理解できたら，次の「使役動詞構文」・「知覚動詞構文」が「受動態」の形に変えられたとき，なぜ「原形不定詞」ではなく「to 不定詞」が用いられなければならないのかの理由が理解できます。なぜ「to 不定詞」が用いられなければならないのか，見抜いてみてください。

(4) a. Her children were made to clean their rooms.
　　⇔ 子どもたちは（が）部屋を掃除する羽目になった。

　b. His secretary was had to fax the information.
　　⇔ 彼の秘書は（が）その情報をファックスすることになった。

　c. Mary was seen to cross the street.
　　⇔ メアリーは（が）通りを渡るのを見られていた。

114

d. Her daughter <u>was watched to go to sleep</u> in the bed.

⇔ 彼女の娘は（が）ベッドで眠り込むのを見守られ
ていた。

**《見抜き⑭》**

<br>
<br>
<br>
<br>
<br>

　う～ん，こいつはちょっと難しかったですね。ぼんやり見えか
かっていますが，もひとつはっきりしません …。こういったと
きはどうしましょう？ こういったときも，そもそも「受動態
(passive voice)」とは何かを分析した方が良さそうですね。

　ちょっと振り返ってみましょう。英語における「能動態 (active
voice)」の意味（事態把握の在り方）って何でしたっけ？ 図表
13・14 を再度見てみてください。

図表 13：「二重目的語他動詞構文 (ditransitive construction)」と
　　　　　「力動性 (force dynamics) の伝達」（完遂）—— 事例 (1a)

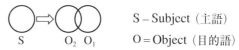

John sent Alice a bouquet of red roses.

**Origin Argument** 　**Attainment Argument** 　**Transmission Argument**
（力動性の始発項）　　（力動性の到達項）　　　（力動性の伝達項）

図14：「単一目的語他動詞構文（transitive construction）」と「力
　　　動性（force dynamics）の伝達」（途中経過）── 事例（1b）

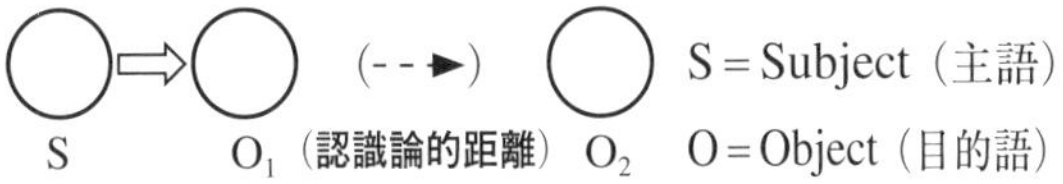

John sent a bouquet of red roses **to** Alice.

**Origin Argument**　　**Transmission Argument**　　**Direction Argument**
（力動性の始発項）　　　（力動性の伝達項）　　　　　（力動性の方向項）

　そうですよね，英語の「能動態（active voice）」というのは，
「力動性の始発項」→ 力動性の伝達 →「力動性の到達項」という
意味（事態把握の在り方）が「類像性（iconicity）」を介して「主
語」+「他動詞」+「目的語」という文の形式そのものになってい
ました。ビリヤードの玉突き現象に見られるように，ニュートン
力学におけるエネルギーの伝達の仕方（意味・事態把握）そのも
のが，「他動詞構文（transitive verb construction）・能動態文（ac-
tive voice construction）」という形になっているのですね。それ
では「受動態（passive voice）」というのは，どのような意味・事
態把握の在り方が形になったものなのでしょうか？ 前述（1a, b）
それぞれの「能動態文」を，「受動態文（passive voice construc-
tion）」にしてみましょう。

　（1a）においては，'Alice' にバラの花束が届いていることが表
されていましたから，この場合の「受動態文」における「主語」
は，'Alice' であることが自然になります。

　（5）a.　Alice was sent a bouquet of red roses (by John).
　　　　　⇔ アリスは（ジョンに）バラの花束を送られた。

(1b) においてはっきりと「力動性」が伝わっていたのはバラの花束まででしたから，この場合の「受動態文」における「主語」は，バラの花束であることが自然になります。

(5) b. A bouquet of red roses was sent to Alice (by John).
　　　⇔ バラの花束が（ジョンによって）アリスに送られた。

みなさんはどうでしょう，この英語の「受動態文」ってしっくりくるものですか？ 筆者はどうもこの「受動態文」という文法カテゴリは直観的にしっくりこないのです。何か自然ではない，無理して作られているような感じがするのです。このことは，英語がどのような経緯で今の形の「受動態文」を採るようになったかの歴史的経緯を見ることによって判ることもあるのですが，このことは後の課題にしましょう。ここでは，事例 (5a, b) をよく見ていると気が付くことがあるのです。それは何でしょうか？

**《見抜き⑮》**

---

気が付かれましたか？ 「受動態」って，「力動性の伝達」が終わってからでないと述べられない文なのですね。「力動性の伝達」が終わって，終わったという完了・結果状態から「力動性の方向」

や「時間の流れ」を遡（さかのぼ）る「意味・事態把握」を表しているのです。したがって，まず同定されなければならないのが，「力動性伝達」の終点です。(5a) においては「力動性伝達」の直接的な終点は 'Alice' ですし，(5b) においては「力動性伝達」の直接的な終点は 'a bouquet of red roses' までとなっています。したがって，「be 動詞＋過去分詞（past participle）」の形態が，他動詞の過去分詞形を用いて表している「力動性伝達」の完了・結果は，「力動性伝達」の直接的終点である 'Alice' と 'a bouquet of red roses' にあることを示しているのです。また「受動態文」は，「時間」及び「力動性の伝達」を遡りながらの事態把握ですから，どこまで遡っての事態把握であるのか，つまり「時間」及び「力動性の伝達」の始まりはどこであったのかを表す必要があります。どうやって表しているのでしょうか？ 次の事例を見てください。

(6) a. We have to complete this work **by** tomorrow morning.

⇔ 私たちは明日朝までに，この仕事を仕上げなければなりません。

b. GM has reduced its manufacturing capacity **by** nearly half.

⇔ ゼネラルモーターズは，ほぼ半分にまでその生産能力を縮小させた。

c. **By** no means children are allowed in that room.

⇔ 決して子どもたちは立ち入りが許されません。

上記 (6a, b, c) における前置詞 'by' は何を表しているでしょうか？ 気付きますか？ そうですね，「限度」を表す前置詞 'by'

なのですね。そのことが判ると，事例（5a, b）において，また次の事例（7a, b, c, d）においても，「受動態文」において前置詞‘by’が使われる意味・事態把握の在り方が判ってくると思います。

‘by’は多義的な前置詞ですが，種々の用例において共通しているのは「〜のそばに」といった，二つのものが合い並ぶイメージです。合い並ぶイメージですから，‘one by one（一つひとつ）’や‘step by step（1歩ずつ）’のように「程度・順序」へと意味が拡張されますし，‘by bus’，‘by train’，‘by email’，‘by phone’などのように「手段」へも意味が拡張されます。そして，「手段」から「行為者」へも，「程度・順序」から「限度」へも，意味が拡張されるのです。**「受動態文」における前置詞‘by’の使用は，この「力動性の伝達」における「行為者」を表すのと同時に，「力動性の伝達」における「時間」及び「伝達方向」を遡って行う事態把握の「限度（項）」を示している**のです。

(5) a. Alice was sent a bouquet of red roses (by John).

⇔ アリスは（ジョンに）バラの花束を送られた。

b. A bouquet of red roses was sent to Alice (by John).

⇔ バラの花束が（ジョンによって）アリスに送られた。

(7) a. Human relationship can be broken by animosity.

⇔ 人間関係は，悪意によって壊されることもある。

b. The injury was delivered by a forceful blow to the head.

⇔ その負傷者は，頭に強力な一撃を見舞われていた。

   c.　National economy may be affected by natural ca-
     lamities.

    ⇔ 国家経済は，国家災害によって影響を被ることも
     ある。

   d.　The TV set was hammered by John。

    ⇔ そのテレビは，ジョンによってハンマーで壊され
     た。

図表 15：「二重目的語他動詞構文（ditransitive construction）」の
　　　　「受動態（passive voice）：遡及的把握」

Active Voice（能動態）

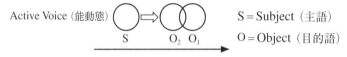

S = Subject（主語）

O = Object（目的語）

（順次的解釈）John sent Alice a bouquet of red roses.

**Origin Argument**　**Attainment Argument**　**Transmission Argument**
（力動性の始発項）　　（力動性の到達項）　　　　（力動性の伝達項）

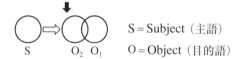

S = Subject（主語）

O = Object（目的語）

**Passive Voice**（受動態）

（遡及的解釈）**(by John) (a bouquet of red roses) (was sent) (Alice).**

**Origin Argument**　**Transmission Argument**　**Attainment Argument**
（力動性の始発項）　　（力動性の伝達項）　　　　（力動性の到達項）

　ここで面白いのは，英語の能動態文の順次的解釈においては
力動性の始発項（S）＋到達項（O2）＋伝達項（O1）という「力動

120

性の伝達」という流れから見ると不自然な語順が，受動態文の遡及的解釈においては 力動性の到達項（O2 → S）＋伝達項（O1 → O）＋始発項（S → by 項）という自然な語順を採ることです。不思議ですね。これは**言語において形式と意味との関係は静態ではなく動態である**ことを示すひとつの事例にもなっています。つまり英語の場合は言語形式が持つ制約の力も強く，認知的動機はあるにしても形式が意味（事態把握）の創発に制約を掛けることがあるのです。この現象は「中間構文」においてより顕著に表れていますので，後ほど見ることにしましょう。

　さてどうでしょう，納得のいく合理的な説明になっていますでしょうか？ 説明における合理性を担保するためには，反例の存在を含めて，コーパス[3]等を用いて広範囲に検証していく必要があります。上の事例だけでは十分でない点もあると思いますから，広範囲な事例を用いての検証も，これからの課題になってきます。

　残っていた問題を片づけてしまいましょう。事例（4）における「使役動詞構文」や「知覚動詞構文」が「受動態文」になったとき，なぜ「原形不定詞」ではなく，「to 不定詞」が用いられるようになるのかという問題でした。あなたの見抜きを，ここまでの記述で確認することができたでしょうか？

---

[3] コーパス（corpus）： 英語・日本語を含んで種々ありますが，テキストや発話を大規模に集めてデータベース化した言語資料のことを指します。この膨大な言語資料を用いて言語観察や分析を行う，コーパス言語学という研究分野もあります。

(4) a.　Her children <u>were made to clean</u> their rooms (by her).

⇔ 子どもたちは（が）部屋を掃除する羽目になった。

b.　His secretary <u>was had to fax</u> the information (by him).

⇔ 彼の秘書は（が）その情報をファックスすることになった。

c.　Mary <u>was seen to cross</u> the street (by Rob).

⇔ メアリーは（が）通りを渡るのを見られていた。

d.　Her daughter <u>was watched to go to sleep</u> in the bed (by her).

⇔ 彼女の娘は（が）ベッドで眠り込むのを見守られていた。

　答えは，「受動態文」において事態把握は，「結果」から「時間」及び「力動性の伝達」を遡って行われなければならないことにありました。つまり，「時間」の方向，「力動性の伝達」の方向と逆向きに，遡って事態把握を行っていかなければならないので，**使役動詞によってなされるイベントの時間・方向，及び知覚動詞によって知覚されるイベントの時間・方向とが，受動態による事態把握の在り方（「遡及的解釈」）と相反する**のです。この相反が，「使役動詞構文」・「知覚動詞構文」の「受動態文」において，「原形不定詞」ではなく「to 不定詞」が生じる，認知言語学の用語で述べるならば「創発」する認知的動機になっています。

　合理的に納得のいく説明になっていましたでしょうか？ 認知文法論・認知言語類型論というのは，現実の言語の事例・用法を

観察・分析しながら，その言語がその言語固有の文法カテゴリ・構文を生み出して（「創発（emergence）」させて）いる論理を明らかにしていくものです。そしてその言語論理の解明・説明は，個別的でもありながら，同時に，普遍的なものでなければなりません。つまり，**認知文法論・認知言語類型論という学問・研究分野は，言語における文法カテゴリ及び構文が創発する認知的動機（「言語論理」）を，個別的にも普遍的にも合理的に解明・説明できているのかが問われる理論言語学**です。こうしたパースペクティブ及びパラダイムを有していないものは，認知文法論・認知言語類型論との関係を持ち得ません。言語学の研究者・学者の世界も，学問的事実・真実を目指すよりも自身の商売にしがみつく人が多い，偏狭なものになっていたりもしますが，ここでぼくらが目指しているものは違うはずです。

## 3.2. 日本語の「態」の正体

　ここまで，英語の 'Voice（態）' の正体の解明を図ってきました。解明したのは，英語の 'Voice（態）' とは「力動性の伝達」という解釈が創発したものだということでした。「**力動性の伝達**」の「**順次的解釈**」の創発が '**Active Voice（能動態）**' であり，「**遡及的解釈**」の創発が '**Passive Voice（受動態）**' という文法カテゴリリでした。

　寺村（1982）という学者は，日本語の「態」の体系として，その文法カテゴリに「受動態・可能態・自発態・使役態・語彙的態の類型」といった5つの下位区別を設けていました。このパースペクティブを基にした分析は，今日でも広く日本語の研究分野に

おいて用いられています。

　　動詞は，ある動作をおこなうもの（A）を主語として表現
するか，その動作をうけるもの（B）を主語として表現する
かによって，いい方がちがってくる。たとえば，
　　　　太郎が　次郎を　たたいた。
といえば，太郎（A）が次郎（B）に対して，たたくという行
為を実現させたということなのだが，おなじ事実は，次郎
（B）を主語にして，
　　　　次郎が，　太郎に　たたかれた。
といいあらわすことができる。この様に動作をおこなうもの
（A）を主語として表現するか，動作をうけるもの（B）を主
語として表現するかのちがいによる動詞のいい方の相互関係
は，**ボイス（voice）とよばれ，ふつう，前者のいい方を能
動態，後者を受動態という。**
　　ところで，「たたく」という動作が，第三者（たとえば，
三郎）のはたらきかけによって生じたばあいには，
　　　　三郎が　太郎に　次郎を　たたかせた。
　　　　太郎が　三郎に　次郎を　たたかせられた。
のようないい方ができるが，これもボイスとしてあつかわ
れ，**「たたかせる」のいい方は使役態，「たたかせられる」の
いい方は使役受動態**といわれている。
　　この様に，日本語では，ボイスとして，能動態・受動態・
使役態・使役受動態の対立をみることができる。

　　　　　　　　　　　　（日本語文法研究会（1989: 40），太字強調筆者）

第 3 章 1・2・3 節において確認したことは，英語における

「態」という文法カテゴリは,「類像性」を介した**「力動性伝達の直接性(immediacy of transmission of force dynamics)」**という解釈が,言語形式(構文・文法)として創発することで成り立っているものでした。「力動性伝達の直接性」がそのまま保持されると解釈された場合には,その解釈は「類像性」を介して規範的な「能動態・他動詞構文」として創発していました(事例(1)(2)参照)。また,その「力動性伝達の直接性」が遡及的に把握される場合には,その解釈は「類像性」を介して「受動態構文」として創発していました(事例(4)(5)(7)参照)。すなわち,英語における「態」という文法カテゴリは,「力動性の伝達」という解釈が「類像性」を介して「客体化」されることで初めて成立するものでした。これに対し,日本語において通常「受け身文」と称されている構文は,「力動性の伝達」という「客体化」論理による解釈の創発の結果なのかを見て行く必要があるのです。

### 3.2.1. 日本語の「れる /reru/・られる /rareru/」と英語の「受動態 (Passive Voice)」

　日本語の「受動態」とされる構文には,典型的に「れる /reru/・られる /rareru/」という語末が使われます。しかし,そこに創発している事態把握のあり方は,「受け身文」という文法カテゴリに一元的に還元できるものではありません。たとえば日本語の「受け身文」と称される言語現象において,一般的に agent(動作主)と呼ばれる意味役割概念の表示に,「に /ni/」及び「によって /ni-yotte/」という語法が出現するのですが,その創発理由の違いを「類像性(iconicity)」原理によって説明したのは谷口(2005)でした。

(8) a.　この窓は，昨日太郎 {に／によって} 壊された。

　　 b.　あの岩は，昨日太郎 {に／によって} 動かされた。

(9) a.　太郎は花子 {に／*によって} 殴られた。

　　 b.　花子は太郎 {に／*によって} 蹴られた。

(10) a.　この絵は，太郎 {*に／によって} 描かれた。

　　 b.　この石碑は，太郎 {*に／によって} 建てられた。

　　　　　　　　　　　　　　　　　　（谷口 (2005: (12)-(14))）

　上記「受け身文」と呼ばれる言語現象を提示した上で，谷口 (2005) は次のように述べます。

　　日本語の受け身文で Agent を明示するには，「に」あるいは「によって」の2通りの標示方法があるが，どちらが適切であるかは用いられる動詞によって異なる。(12)［＝上記 (8)（筆者注）］にある動詞「壊れる」「動かす」のように，「に」・「によって」のどちらも容認される場合もあるのに対し，(13)［＝上記 (9)（筆者注）］の「殴る」「蹴る」に対しては「に」のみが，(14)［＝上記 (10)（筆者注）］の「描く」「建てる」に対しては「によって」のみが容認される。

　　これは，各々の動詞が表わす事態における tr と lm[4] の概念的距離が類像的に投影された結果であると考えられる。「に」も「によって」も共に Agent を標示するという同じ機能を担っているのであれば，言語的にみて長さのある「に

　[4]　急に tr（トラジェクター）とか lm（ランドマーク）などの表記が出てきていますが，ラネカーという学者の用語です。上記事例においては，tr を行為者 lm を被行為者と捉えておけば理解できます。agent は「動作主」という意味論用語です。

126

よって」の方が，tr と lm の概念上の距離のより長い関係を
表示するのに用いられるという類像性が想定される
(Haiman 1983)。実際に，(12)［＝上記(8)（筆者注)］の「壊
す」「動かす」といった他動詞は図 3-1［＝下記の図 16（筆者
注)］の P-transitive relation に合致するものであり，lm は
tr から直接エネルギーを伝達する CHANGE の分節に位置
しているが，それが変化した結果としての位置・状態を表す
分節に位置する参与者も同じ lm であるので，tr と lm の距
離は長短 2 通りの解釈が可能である。したがって，受け身
文にした場合，Agent の表示には短い距離に対応する「に」
と長い距離に対応する「によって」のいずれも用いることが
できるのである。

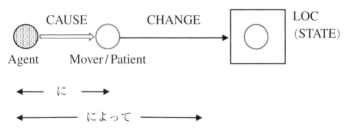

図表 16：P-transitive relation と「に」「によって」(＝谷口 (2005:
　　　　3-7))

　一方で，「殴る」「蹴る」といった他動詞はいずれも「表面
接触動詞」であり，3.2.2 で見た様に (CHANGE-)STATE
の分節を欠いた事態を表している。その場合，P-transitive
relation とは異なり，tr と lm は互いに隣接し，両者間の概
念的距離は短いという可能性しかない。したがって，受け身

にした場合，Agent の標示には単距離に相応する「に」のみが容認されるのである。

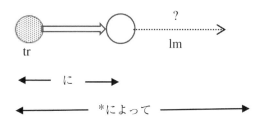

図表 17：表面接触動詞と「に」「*によって」（＝谷口 (2005: 3-8)）

　また，作成動詞の場合は表面接触動詞とは逆で，lm が STATE の分節にしかあらわれず action chain の中間部が欠落した形になっているため，tr と lm の距離は必然的に長くなる。したがって，長距離の関係に対応する「によって」のみが Agent の標示に選ばれるのである。

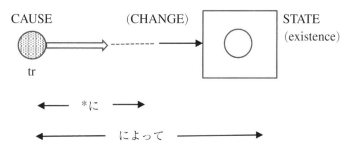

図表 18：作成動詞と「*に」「によって」（＝谷口 (2005: 3-9)）

　　　　　　　　　　　　　（谷口 (2005: 84-86)，下線部強調筆者）

　谷口 (2005) が述べているのは，「動詞」の意味構造が，日本語の「受け身文」における Agent 標示としての「に・によって」

128

の使用を，類像的に動機付けているということです。ただここで問題なのは，「～に～される・された」の日本語の構文に，上記の説明に当てはまらないような事例が見いだされることです。ここでお題です。谷口（2005）で示された「に」「によって」の構文の説明と，合致しない事例を挙げることが可能ですが，その構文を挙げてみてください。そこから「態」に関わる日本語の重要な原理が見えてくると思います。

**《見抜き⑯》**

|  |
| --- |
|  |
|  |
|  |
|  |

どうでしょう，どのような事例を見つけたり作ったりすることができたでしょうか？　少しセンスが求められる作業だったかも知れませんね。次のような事例を見つけたり作ったりすることができたのではないでしょうか？

(11) a. ピカチュウの図柄が，機体 {に／*によって} 描かれた。

b. 坂本竜馬の銅像が，桂浜 {に／*によって} 建てられた。

(12) a. 学校帰りに，雨 {に／*によって} 降られた。

b. 彼女は夫 {に／*によって} 先立たれた。

c. 赤ちゃん {に／*によって} 泣かれてしまった。

    d.　その仕事は彼 {に／*によって} 任されています。

    e.　彼女の返事 {に／*によって} がっかりさせられた。

    f.　そんなことをしたら，お父さん {に／*によって} 叱られます。

    g.　成績が良かったので，先生 {に／*によって} 褒められた。

　それではもう一つの見抜きに挑戦です。ご自身が書かれた事例と，筆者が挙げている事例において，どの点が谷口（2005）に挙げられている事例に対する反例となっているのかを言語化してみてください。自身が見いだしているものを言葉にして説明しておくことは，自身の能力を高めるのにとても大事な作業だと思います。

**《見抜き⑰》**

<br>
<br>
<br>
<br>

　さて，どうでしょう。以下のことがらと，ご自身の見抜きとを読み合わせてくださいね。まず，（11a, b）の事例においては，「描く」・「建てる」は**作成動詞**であっても，「に」が標示しているのは Agent ではなく，「機体」・「桂浜」という**場所**になります。しかし，なぜ「日本語」の「**受け身文**」において，**Agent** 標示とされる「に」が，場所標示の「に」と同じであるのか，その認知

動機が判らないのです。また，（12a-c）の事例においては，「降る」・「先立つ」・「泣く」は「他動詞」ではなくて「自動詞」だということになるでしょう。しかしこれも同様に，なぜ**「自動詞」とカテゴライズされるものが「被害受け身」とカテゴライズされる「受け身文」に使われるのか，その認知メカニズムが判らない**のです。（12d-g）の事例においても「に」を採ることが適格と見なされるでしょうが，「任す」・「がっかりさせる」・「叱る」・「褒める」という**「表面接触動詞」とはカテゴライズできない「動詞」のどのような意味内容が，「受け身文」と呼ばれる構文において「に」を要求するのか，その認知動機も判らない**のです。つまり何を意味しているかと言うと，日本語の「れる /reru/・られる /rareru/」構文が，一元的に英語の「受動態」には還元できない事態把握の創発であることが見いだせるのです。

　日本語において，「受動態」と名称される文法カテゴリに該当していると解釈されている構文においては，典型的に「れる /reru/・られる /rareru/」という語尾が構文に用いられます。しかし英語の「態（voice）」という文法概念が，「能動態（active voice）／受動態（passive voice）」といった明確な言語事例の中で創発しているのに対して，寺村（1982）なり日本語文法研究会（1989）は，日本語の「態」という文法概念に，「受動態・可能態・自発態・使役態・語彙的態の類型」や「能動態・受動態／使役態・使役受動態」といった多岐に亘る構文名目を充てなければなりませんでした。このことは，日本語の「れる /reru/・られる /rareru/」の構文には，「力動性の伝達」という意味・解釈が「類像的」に創発している「受動態」という構文事例に，一元的に収まりきらない事態把握のあり様（意味・概念化）が創発している

ことを意味しています。

(13) a. 「旅行中に財布を<u>盗まれた</u>」

   b. 「電車の中で，足を<u>踏まれて</u>しまいました」

   c. 「2020 年のオリンピックは東京で<u>開かれます</u>」

   d. 「そのフレスコ画は，無名の画家によって<u>描かれた</u>ものです」

   e. 「薬師寺は，現代の名工たちによって<u>修復されました</u>」

 日本語の「**受け身文**」は，「**直接受け身**」と解される事象（(8a, b), (9a, b), (10a, b), (11a, b), (12e-g), (13c-e) 参照）を表すと共に，「間接受け身」とか「**被害受け身**」とか呼ばれる事象（(12a-c), (13a, b) 参照）も表します。さらに日本語の「受け身文」とされる構文において用いられている「れる /reru/・られる /rareru/」は，次のような構文においても現れるのです。

(14) a. 故郷が<u>偲ばれる</u>。

   b. バルコニーからは琵琶湖が<u>一望できる</u>。

   c. 熊倉先生が<u>お読みになられます</u>。

   d. 「あっ，花瓶が<u>倒れる</u>」

 事例 (14a) の「れる /reru/」は「**自発**」と呼ばれる用法であり，(14b) は「**可能**」と呼ばれる用法です。また，(14c) は「**尊敬**」と呼ばれる用法であり，(14d) は「**自動詞**」と呼ばれる用法です。日本語においては，「れる /reru/・られる /rareru/」という形式が，「自発」と呼ばれる構文にも，「可能」と呼ばれる構文にも，「尊敬」・「自動詞」と呼ばれる構文にも，共通して用いられています。**「れる /reru/・られる /rareru/」という言語形式**が，「**自発**」・「**可**

能」・「尊敬」・「受け身」・「自動詞」とカテゴライズされる構文において共通して用いられているということは，「れる /reru/・られる /rareru/」の用法を通してこれらの構文に創発している事態把握のあり方には，共通性が潜んでいるということです。したがって，「日本語」の「～に /ni/ ～られる /rareru/」構文は，CAUSE・CHANGE・STATE といった「力動性の伝達」をパースペクティブにした「受動態・受け身文」に単一に還元することはできないのです。

### 3.2.2. 日本語の「れる /reru/・られる /rareru/」構文に創発している事態把握

　日本語（やまとことば）の「れる /reru/・られる /rareru/」は，平安時代以降用いられていた「る /ru/・らる /raru/」が，江戸時代になって変化したものです。奈良時代以前においては「ゆ /yu/・らゆ /rayu/」が多く用いられていました。この「ゆ /yu/」は「きこゆ」・「おもほゆ」という動詞語尾と同源であり，本来は「**自発**」を意味するものでした（cf. 山口明穂・杉浦克己・月本雅幸・坂梨隆三・鈴木英夫（1997），山口明穂・鈴木英夫・坂梨隆三・月本雅幸（1997），沖森卓也（2010），沖森卓也・山本慎吾・永井悦子（2012））。この「自発」という文法カテゴリに該当する用法を，奈良・平安時代において求めてみれば，次のような事例に出会うことができます。ちょっと丁寧に事例を見ていくことにしましょう。言語の研究は，1にも2にも実際に使われる事例を見てみることが大切だと思います。実際の事例を見ないのであれば，何でも言えてしまえますから，ここは丁寧に行きましょう。

(15) a.　（原文）金野乃　美草苅葺　屋杼礼里之　兎道乃宮子能　借
　　　　　　　　　　五百礒<u>所念</u>

　　　　（仮名）あきののの　みくさかりふき　やどれりし　うぢ
　　　　　　　　のみやこの　かりいほし<u>おもほゆ</u>

　　　　（訓読）秋の野のみ草刈り葺き宿れりし宇治の宮処の
　　　　　　　　仮廬し<u>思ほゆ</u>

　　　　　　　　　　　　　　　　（額田王歌［未詳］『万葉集』1 巻 7）

　　b.　（原文）宇利 <波><米婆> 胡藤母<u>意母保由</u> 久利波米
　　　　　　　　婆 麻斯提斯農波由 伊豆久欲利 枳多利斯物能
　　　　　　　　曽 麻奈迦比尓 母等奈可可利提 夜周伊斯奈佐
　　　　　　　　農

　　　　（仮名）うりはめば　こども<u>おもほゆ</u>　くりはめば　まし
　　　　　　　　てしぬはゆ　いづくよりきたりしものぞ　まな
　　　　　　　　かひに　もとなかかりて　やすいしなさぬ

　　　　（訓読）瓜食めば　子ども<u>思ほゆ</u>　栗食めば　まして偲は
　　　　　　　　<u>ゆ</u>　いづくより来りしものぞ　まなかひに　もと
　　　　　　　　なかかりて　安寐し寝さぬ

　　　　　　　　　　　　　　（筑前國守山上憶良『万葉集』5 巻 802）

　　c.　（原文）心者 <u>忘日無久</u> 雖念 人之事社 繁君尓阿礼

　　　　（仮名）こころには　<u>わするるひなく</u>　おもへども　ひと
　　　　　　　　のことこそ　しげききみにあれ

　　　　（訓読）心には<u>忘るる</u>日なく思へども人の言こそ繁き
　　　　　　　　君にあれ

　　　　　　　　　　　　　　（大伴坂上郎女歌一首『万葉集』4 巻 647）

　　d.　（原文）相模治乃　余呂伎能波麻乃　麻奈胡奈須　兒良波
　　　　　　　　可奈之久　<u>於毛波流留可毛</u>

(仮名) さがむぢの　よろぎのはまの　まなごなす　こら
　　　はかなしく <u>おもはるる</u>かも

(訓読) 相模道の余綾の浜の真砂なす子らは愛しく<u>思
　　　はるる</u>かも

（右十二首相模國歌『万葉集』14 巻 3372）

e.　今日は京のみぞ<u>思いやらるる</u>

（紀貫之『土佐日記』）

f.　殊に物深からぬ若き人々さへ，世の常なさ<u>思ひ知ら
　　れて</u>涙にくれたり

（紫式部『源氏物語 須磨』）

g.　住みなれにしふるさと，限りなく<u>思ひ出でらる</u>

（菅原孝標女『更級日記』）（以上，下線部強調筆者）

　事例を見ていくことは大変ですが，でも面白くないですか？特に古典事例においては，昔の人々がどのように世界を捉えていたかを，文法が語ってくれますから。それを踏まえて沖森 (2010)は，この「る /ru/・らる /raru/」の用法を次のように説明しています。

　　「る・らる」は平安時代以降一般化した語で，奈良時代以
　前では「ゆ・らゆ」が多く用いられました。この＜自然にそ
　うなる＞の意から，＜そのことが生じる＞→＜そのことがで
　きる＞という可能の意ともなりました。また，他者の行為
　が，動作の受け手において自然に実現するという意から，受
　身の意にも用いられました。ちなみに，「る」は下二段動詞
　「ある」＜「生まれる」の意＞に由来するものと見られます。

（沖森 (2010: 79)）

　沖森（2010）では触れられていないのですが，奈良・平安時代の「る /ru/・らる /raru/（ゆ /yu/・らゆ /rayu/）」の**「可能」に繋がる用法は，主に否定表現**として始まっているのです。

(16) a.　（原文）和我都麻波　伊多久古〈非〉良之　乃牟美豆尓
　　　　　　　　　加其佐倍美曳弖　余尓<u>和須良礼受</u>

　　　　（仮名）わがつまは　いたくこひらし　のむみづに　かご
　　　　　　　　さへみえて　よに<u>わすられず</u>

　　　　（訓読）我が妻はいたく恋ひらし飲む水に影さへ見え
　　　　　　　　てよに<u>忘られず</u>

　　　　　　　　　　　　　（相替遺筑紫諸國防人等歌『万葉集』20 巻 4322）

　　 b.　歩むともなくとかくつくろひたれど足の裏<u>動かれず</u>，
　　　　わびしければせんかたなくて休み給ふ

　　　　　　　　　　　　　　　　　　　　（紫式部『源氏物語 玉鬘』）

　　 c.　変はりゆく形，ありさま，<u>目もあてられぬこと</u>多かり
　　　　　　　　　　　　　　　　　　　　　　　　（鴨長明『方丈記』）

　　 d.　家の作りやうは，夏をむねとすべし。冬はいかなる
　　　　所にも<u>住まる</u>

　　　　　　　　　　　（吉田兼好『徒然草』55 段）（以上，下線部強調筆者）

また「**受け身**」とされる用法には，次のようなものがあります。

(17) a.　（原文）奈我波伴尓　己良例安波由久　安乎毛能　伊弖来
　　　　　　　　　和伎母兒　安必見而由可武

　　　　（仮名）ながははに　<u>こられ</u>あはゆく　あをくもの　いで
　　　　　　　　こわぎもこ　あひみてゆかむ

　　　　（訓読）汝が母に<u>嘖られ</u>我は行く青雲ので来我妹子相

136

見て行かむ

(『万葉集』14 巻 3519)

b.　(原文)　神代欲理　云傳久良久　虚見通　倭國者　皇神能
　　　　　　伊都久志吉國　**言霊能　佐吉播布國**等　加多利継
　　　　　　伊比都賀比計理　今世能　人母許等期等　目前尒
　　　　　　見在知在　人佐播尒　満弖播阿礼等母　高光　日御
　　　　　　朝庭　神奈我良　愛能盛尒　天下　奏多麻比志　家
　　　　　　子等　撰多麻比天　勅旨［反云　大命］＜戴＞持弓
　　　　　　唐能　遠境尒　都加播佐礼　麻加利伊麻勢　宇奈原
　　　　　　能　邊尒母奥尒母　神豆麻利　宇志播吉伊麻須　諸
　　　　　　能　大御神等　船舳尒［反云　布奈能閇尒］道引
　　　　　　麻　＜遠志＞　天地能　大御神等　倭　大國霊　久堅能
　　　　　　阿麻能見虚喩　阿麻賀氣利　見渡多麻比　事畢　還
　　　　　　日者　又更　大御神等　船舳尒　御手＜打＞掛弓
　　　　　　墨縄遠　播倍多留期等久　阿＜遅＞可遠志　智可
　　　　　　能岫欲利　大伴　御津濱備尒　多太泊尒　美船播将
　　　　　　泊　都々美無久　佐伎久伊麻志弓　速歸坐勢

　　　(訓読)　神代より　言ひ伝て来らく　そらみつ　大和の国
　　　　　　は　皇神の　厳しき国　**言霊の　幸はふ国**と　語り
　　　　　　継ぎ　言ひ継がひけり　今の世の　人もことごと
　　　　　　目の前に　見たり知りたり　人さはに　満ちては
　　　　　　あれども　高照らす　日の朝廷　神ながら　愛での
　　　　　　盛りに　天の下　奏したまひし　家の子と　選ひた
　　　　　　まひて　大御言［反云　大みこと］戴き持ちて
　　　　　　もろこしの　遠き境に　遣はされ　罷りいませ　海
　　　　　　原の　辺にも沖にも　神づまり　領きいます　もろ

もろの　大御神たち　船舳に　［反云　ふなのへに］
導きまをし　天地の　大御神たち　大和の　大国御
魂　ひさかたの　天のみ空ゆ　天翔り　見わたした
まひ　事終り　帰らむ日には　またさらに　大御神
たち　船舳に　御手うち掛けて　墨縄を　延へたる
ごとく　あぢかをし　値嘉の崎より　大伴の　御津
の浜びに　直泊てに　御船は泊てむ　障みなく　幸
くいまして　早帰りませ

（山上憶良謹上　大唐大使卿記室『万葉集』5 巻 894）

c. 御簾のそばいとあらはに<u>引き上げられ</u>たるを，とみ
に引きなほす人もなし　　　　（紫式部『源氏物語 若菜上』）

d. 敵はあまたあり，そこにてつひに<u>討たれ</u>にけり

（作者不詳『平家物語』11 巻）

（以上，下線部および太字強調筆者）

「自発」から「可能」・「受け身」へと拡張したこの用法は，平安
時代以降，受け手において ＜自然とそのような気持ちを生じさ
せる＞ との意味から，**「尊敬」**にまで拡張されることになるので
す。

(18) a. 御格子参りね。… 人々近う<u>さぶらはれ</u>よかし

（紫式部『源氏物語 若紫』）

b. 君はいまだ<u>しろしめされ</u>候はずや，あれこそ八嶋の
大臣殿　　　　　　　　　（『平家物語』10 巻）

c. 験あらむ僧たち，<u>祈り試みられ</u>よ

（吉田兼好『徒然草』54 段）

（以上，下線部強調筆者）

　このような**認識論的な動機を背景とした通時的な拡張**を経た
「日本語（やまとことば）」の「る /ru/・らる /raru/（ゆ /yu/・ら
ゆ /rayu/）」は，森田良行(よしゆき) (1995) において次のような現代文の
事例として創発するのです。

(19)　田中君に先生が教えられた。

（森田 (1995: 141)）

　この事例は「に /ni/」の解釈次第で，「教えられた」のが「先生」
という「受け身」の意味にも成るし，「教えになった」のが「先生」
という「尊敬」の意味にも成ります。また，別の文脈が必要にな
りますが，「教えた」のが「田中君」という「可能」の意味にも成
ります。森田 (1995) は「られる」の用法を，次のように説明し
ます。

　たとえば

(20)　　背に腹は代えられぬ。
　　　　人の口に戸は立てられない。
　　　　どうにも手が着けられない。
　　　　顔が合わせられない。

　　　のような慣用的なことわざや言い回しでは，意志をもた
　　　ない状態の表現となる。そのため表面的には「られる」
　　　は可能の意味にしか解釈できない。（これらの例は後に
　　　打消が続くいわば否定の状態表現のため，不随意の可能
　　　「〜しようにも〜できない」といった色彩が濃くなる。）
　　　　それにしても，これらの例を見ると，いずれも不随意
　　　の事態が先行していて，それを受け止めようにもどうに

もならない不可能状態といった色彩が濃い。「背に腹を代えたい」と努力しても，それは不可能という，言ってみれば，まず「受身」状態があって，可能なかぎり努力する「可能」に対して，それは無理という"自ずからなる状態性"「自発」の意味も含まれる。

　肯定表現の場合も全く同じだ。「悔悛の情が認められる」と言えば，相手の悔悛の情がまず当方側に伝わってきて，こちらはそれを受け入れる。「受身」の状態である。次いで，それを認めまいとしても認めざるを得ない「自発」の状態と，積極的に認めえる「可能」の気持ちとが混在する。

（森田 (1995: 144-145)，下線部強調筆者）

　森田 (1995) においては，現代日本語の事例を以って日本語の「れる /reru/・られる /rareru/」の意味を説明しようとしていますが，日本語の「る /ru/・らる /raru/」がこのような解釈の幅を持つようになったのは，本来**「自発」**の用法であったものが，通時的に**「受身」・「可能」・「尊敬」**へと意味が拡張されてきたからです。**意味が通時的に拡張されてきたというのは，事態解釈において意味の拡張を許すような認知的な動機が存在している**ということです。さて，ここでも見抜きに挑戦です。分析に必要となる事例データは提示しておきました。ここまで提示された「れる /reru/・られる /rareru/」の通時的事例の分析を介して，日本語の「れる /reru/・られる /rareru/」に創発している事態把握とは何なのかを見抜いてください。

**《見抜き⑱》**

<br><br><br><br><br>

　どうでしょう，ここまで読んできていつの間にか見抜きを自身で行うことをやめて，解説をすぐに読む方向に流されていませんか？　この本を手に取る人は1万人の内10人くらい，実際に読んでくださる人はその内の3人くらい，そして読みながら実際に見抜きを書いてくれている人は，その内の1人くらいかも知れません。でもこれは10万人だったら10人に，100万人だったら100人に，1千万人だったら1000人になるかも知れませんよね。もし1000人の人が見抜きを行いながら読んでくださってきたのならば，筆者はこの本は命を得たことになると思っています。

　通時的具体事例の分析から見いだせる「れる /reru/・られる /rareru/」創発の認知的な動機とは，「**事態生起の不可避性（unavoidability）**」という認識でした。「**事態生起の不可避性（unavoidability）**」という認識であるからこそ，森田（1995）においても「**不随意の事態が先行していて，それを受け止め様にもどうにもならない不可能状態**」という表現が用いられているのです。この「事態の生起は不可避である」という認識が，発話者をして自ら「自発」させるのであり，その事態が「主体」の意思に関わらず生じてしまうことから，「受け身」・「可能」・「尊敬」へと拡

張されるのです。したがって，下記の表にまとめているような語
彙が創発しているのです。

図表 19：「非制御表示動詞（れる /reru/）」が表す事態生起・推移
　　　　の不可避性

**a.** 「心情生起・推移の不可避」

呆（aki）れる・憧れる・呆気（akke）にとられる・甘った
れる・うかれる・己惚（unubo）れる・恐（怖・畏・懼）れ
る・気触（kabu）れる・聞き惚れる・ぐれる・気圧される・
焦がれる・心惹かれる・苛（saina）まれる・思案に暮れ
る・しみったれる・しょぼくれる・そそられる・焦（ji）
れる・だれる・つまされる・（狐に）つままれる・囚われ
る・ねじくれる・ばっくれる・ひねくれる・ふてくされ
る・狂（fu）れる・へこたれる・ほだされる・惚れる・見
惚（mito）れる・むくれる 等

**b.** 「事態生起・推移の不可避」

悪たれる・暴れる・荒くれる・溢（afu）れる・あぶれる・
現（表・顕）れる・荒れる・言いそびれる・いかれる・容
（入）れる・薄れる・魘（una）される・項垂（unada）れ
る・生（産）まれる・埋もれる・うらぶれる・熟れる・抉
（egu）れる・老い耄（oibo）れる・遅（後）れる・落魄
（otibu）れる・訪れる・溺れる・折れる・隠れる・擦（掠
（kasu））れる・涸（枯・嗄）れる・切れる・崩れる・括（縊
（kubi））れる・暮（呉）れる・草臥（kutabire）れる・穢（汚
kega）れる・擦（kosu）れる・事切れる・こましゃくれる・
熟（kona）れる　毀（零（kobo））れる・壊（毀）れる・さ

さくれる・寂（錆・寂れ）れる・萎（sio）れる・垂（枝垂
shida）れる・姿垂（shinada）れる・痺（shibi）れる・嗄
（shaga）れる・しゃくれる・洒落（share）る・時雨れる・
しばれる・知れる・痴れる・戯（ja）れる・優れる・廃
（suta）れる・擦れる・ずれる・そぼ濡れる・逸れる・垂れ
る・倒れる・黄昏（tasogare）る・爛（tada）れる・撓
（tawa）む・垂（tare）れる・戯（tawamu）れる・ちぎれる・
縮（tiji）れる・疲れる・憑かれる・潰れる・連れる・釣
（吊）れる・溶（融・解）ける・途切れる・捕らわれる・取
（捕・採・撮・執・摂）れる・流れる・雪崩（nada）れる・
慣（馴）れる・濡れる・ねじれる・寝そびれる・逃れる・
剥がれる・逸（hagu）れる・はち切れる・外れる・離れる・
晴れる・腫れる・ばれる・膨れる・触れる・ぶれる・紛れ
る・塗（mami）れる・見慣れる・耳慣れる・群れる・捲
（meku）れる・凭（mota）れる・縺（motsu）れる・分（別）
れる・忘れる・割れる 等

　こうした事態生起を不可避とする認識（事態把握）によって創
発させられた事態生起・推移の「**非制御表示動詞**」が，「自発」構
文から拡張された「可能」・「受け身」・「尊敬」構文において使用
されることになります。事態の生起を不可避とする事態把握が，
「れる /reru/・られる /rareru/」の使用を通して，「自発」・「可能」・
「受け身」・「尊敬」構文に創発するのです。

(21) a. この春，息子が<u>生まれ</u>ます。／間もなく，日が<u>暮れ</u>ます。

　　　風で花瓶が<u>倒れ</u>ました。／川は<u>流れる</u>。(**非制御表示動詞**)

　　b. 故郷のことが<u>偲ばれる</u>。／娘のことが<u>想い出される</u>。(**自発**)

　　c. 災難に<u>見舞われ</u>ました。(**被害受け身**) → 拡張 → 窓が<u>割られ</u>た。(**受け身**)

　　d. 富士山が<u>見える</u>。(**非制御**) → 拡張 → 100m を 11 秒台で<u>走れ</u>ます。(**可能**)

　　e. 先生がお読みに<u>なられ</u>ます。／先生が間もなく<u>来られ</u>ます。(**尊敬**)

　日本語（やまとことば）の論理による事態把握が構文として創発する際には，「主体化」の論理による認知的な動機付けが存在しています。**日本語（やまとことば）において「れる /reru/・られる /rareru/」使用の「自発」・「受け身」・「可能」・「尊敬」・「非制御表示動詞」構文の創発は，認知主体によって「事態の生起は自身の制御を超える」という事態把握が行われたからです。**したがって，日本語（やまとことば）における「受け身文」と呼ばれている文法・構文カテゴリは，英語の「受動態構文」と呼ばれている文法・構文カテゴリと互換性を有していません。英語の「受動態構文」と呼ばれている文法・構文カテゴリは，元は「力動性の伝達の遡及的把握」という事態把握のあり方が構文に創発された結果でした。**日本語（やまとことば）の「非制御表示動詞・受け身・自発・可能・尊敬文（れる /reru/・られる /rareru/)」と**

呼ばれる文法・構文カテゴリは,「力動性の伝達の遡及的把握」という事態把握が創発しているものではなくて,**事態生起・推移の不可避性という主体の認識**(「**主体的解釈 (modalized construal)**」)が構文に創発した結果だったのです。

### 3.2.3. 日本語の動詞分類

ここで日本語の大きな問題にぶつかっているのが判るでしょうか? そうですね,ここまで論証してきたことから日本語に「受動態」というものが該当しないのであれば,日本語の動詞分類に「他動詞」・「自動詞」というカテゴリは妥当するのかという問題にぶつかるのです。なぜならば,英語の「受動態」構文というのは,「力動性の伝達」という解釈が文法・構文として創発している「他動詞構文(他動詞)」の対として存在する文法カテゴリでした。つまり,「他動詞構文(他動詞)」の存在が前提に在って,「力動性の伝達」を結果から「遡及的に解釈」した結果,生じているのが英語の「受動態」構文だったのです。ところが日本語の「れる /reru/・られる /rareru/」の事例分析から判明したように,「れる /reru/・られる /rareru/」の動詞なり構文は,「他動詞構文(他動詞)」の対ではなかったのです。前節で論証したように,**「非制御表示動詞」**というカテゴリでした。それならば,他の動詞はどうカテゴライズされるのかって問題です。

### 3.2.3.1. 日本語の「原音動詞」

ここでひとつ見抜きを行ってみましょう。日本語には /kiku/ という音(意味)を持つ動詞がいくつかあります。その /kiku/ という音(意味)に該当する動詞とその使用事例を書き出してみて,

そこから見いだせることをまとめてください。ずっと見抜きをなさってきたのならば，見えている次元も違ってきているのではないかと思います。

《見抜き⑲》

```
┌─────────────────────────────────────────┐
│                                         │
│ ....................................... │
│                                         │
│ ....................................... │
│                                         │
│ ....................................... │
│                                         │
│ ....................................... │
│                                         │
└─────────────────────────────────────────┘
```

　どうでしょう，まず次のような動詞を書くことができたでしょうか？

(22)　/kiku/ → 聞く・聴く・効く・利く・訊く

その上で，次のような事例を挙げられましたでしょうか？

(23) a.　朝方は鶯の声を聞くことがあります。
　　　b.　仕事を終えた後は，レコードでジャズを聴きます。
　　　c.　この風邪薬は，私にはあまり効きませんでした。
　　　d.　彼は良く気が利くと思います。
　　　e.　判らないのであれば，先生にもう一度訊いてみてください。

　ここで再度見抜きです。(22)(23)の事例を分析することで，さらに見いだせることを述べてください。/kiku/ の音（意味）について，動詞の分類について見いだせるものがあると思います。

146

《見抜き⑳》

_____

どうでしょうか？　そうです。「聞く・聴く・効く・利く・訊く」という動詞はすべて **/kiku/** と発話されます。このことを逆の視点で見れば，日本語の **/kiku/** という「原音動詞」は，「聞く・聴く・効く・利く・訊く」に通時的に細分化されてきたということです。つまり，「やまとことば」の /kiku/ という「原音動詞」は，元々「耳で聞いて，注意・こころを傾けて聴いて，それが心身に効いて，そして使えるようになって（利く），さらには相手にも訊く」という意味を内包していたということになります。このことは /ki/ という音は「城 (/ki/ → 柵で囲まれた場所 → 心身)」の意味を持っていたこと，/ku/ の音には「来 /ku/」の意味を持っていたことからも理解できます。実際『万葉集』・『古事記』・『日本書紀』において，乙類の /ki/ 音に対して「城 /ki/」という文字が，/ku/ 音に対して「来 /ku/」の文字が充てられています。ただし，動詞の /kiku/ の /ki/ がもともとは乙類音であったのかは，残念ながら今では判りません。忘れてはならないことは，日本語はついに文字を発明することは無かった言語だということです。文字を発明することができなかった言語でありながら，中国からの文字の借用に当たっては，やまとことばの意味を部分的にも保持できる訓読み（訓書き）の使用と，漢語由来の音読み（音書き）の

使用を共存させるという離れ業を行った言語だということです。言語類型論上，日本語というのはおそらく，最も表記を複雑化した言語の一つだろうと考えています。

　この「心身に入る」という意味のやまとことばの /kiku/ という「原音動詞」が，中国から文字が齎（もたら）されたことによって，「聞く・聴く・効く・利く・訊く」へと意味が細分化されてきました。このことに，みなさんは驚きを感じられませんか？　筆者はこのことに気付いた時，唖然とすると同時に感動さえ覚えたのです。そしてこのことは筆者の勝手な思い込みではないということを，1300 年も前の奈良時代に，ある人物がきちんと書き残しておいてくれていたのです。どうか，次を読んでみてください。

　　　上古之時，言意並朴，敷文構句，於字即難，已因訓述者，
　　詞不逮心，全以音連者，事趣更長。是以今，或一句之中，交
　　用音訓，或一事之内，全以訓録。
　　［上古の時は，言（ことば）意（こころ）と並（み）な朴（すなお）にして，文を敷き句を構ふること，字に於きて即ち難（かた）し。已（すで）に訓（よみ）に因（よ）りて述べたるは，詞（ことば）心に逮（およ）ばず。全（また）く音（こえ）を以ちて連ねたるは，事の趣更に長し。是を以ちて，今，或は一句の中に音訓を交え用い，或は一事の内に全く訓を以ちて録（しる）しぬ］。

　　　　　　　　　　　　　　　　　　（『古事記』真福寺本古事記原文）

　どうでしょう，感動しませんか？　これを記した人物（712 年の太安万侶（おおのやすまろ）と言われています）に，筆者は本当に会いたいと願っ

てしまいます。[5] 上記の文は，日本最古の文献のひとつである『古事記』の冒頭です。書かれている意味は「昔（上代）の日本語（やまとことば）は，言葉の形式とその意味の関係が素直なものだったのに，文字が用いられるようになって，文や句を作るが難しくなった。訓の形態（やまとことばの元の意味に合いそうな漢字を用いての表記）にしても意味を込められないし，1音に対して1語の万葉かな（1音1字の中国音の字）を充てたりしていると，述べたいことが長くなってしまう。こうした理由で，この史書においては，ひとつの句の中で音と訓を混ぜて記述したり，あるいは，訓だけで記述したりしている」となります。

　驚きませんか？　日本語において，初めて文字を使用することで書かれた最古の文献のひとつに，文字を用いて書くことで，元（やまとことば）の意味を伝えるのが，難しくなってしまったということが書かれているのです。**「やまとことば（多くの意味を内包していた日本の原音語）」の意味は，文字を介して伝えるのが難しいと書いてある**のです。

　/kiku（聴く・聞く・効く・利く・訊く）/ は，心身（囲まれた場所）への出来［「城（ki）」・「来（ku）」］の様態としてあり，/toru（捕る・獲る・録る・撮る・取る・採る・摂る・執る・盗る）/ は，手元に留める［「処・止（to）」・「留（ru）」］の様態としてあることになります。そして /hanasu（話す・放す・離す）/ は，内から外へと出す［「吹（fu）」・「吐（haku）」・「放（hiru）」・「成

---

[5]　あとひとり逢いたい人物に，菟道稚郎子がいます。この人物は日本で最初に文字を習い，後に弟に王位を譲るために自殺したといわれる伝説なのか歴史なのか判らない人物なのですが，かつてこの人物が生きていたと思われる場所で，筆者は生活をしています。

(na)」・「為 (su)」] の様態としてあるのです。「聴く・聞く・効く・利く・訊く」際には，その「音象徴（「音＝意味」という「主体化」)」は [「城 (ki)」・「来 (ku)」] であることが，「捕る・獲る・録る・撮る・取る・採る・摂る・執る・盗る」際には，その「音象徴」は [「処・止 (to)」・「留 (ru)」] であることが，「話す・放す・離す」際には，その「音象徴」は [「吹 (fu)」・「吐 (haku)」・「放 (hiru)」・「成 (na)」・「為 (su)」] であることが，**「日本語（やまとことば）」を「原音語」としている私たちには感性として深く身体化されている**のです（残念ながら，この感性を多くの日本人は失ってしまいました）。私たちは「音」を聴くだけで，これらの語生成に用いられている「日本語（やまとことば）」の原音の論理（「音＝意味」の関係→「主体化」論理）を感知することができていたのです。**近代ヨーロッパ標準諸語の世界解釈及び事態把握は，「類像性」を介して特徴的にその形式（構文・文法）に「認識論的距離」を創発させるものでしたが，「日本語（やまとことば）」の世界解釈及び事態把握は，「類像性」を介して特徴的にその形式に「音＝意味」の関係を創発させているのです。**

### 3.2.3.2.　日本語の動詞と「格」の関係

　さて，日本語（やまとことば）の /kiku/ という音は，「聞く・聴く・効く・利く・訊く」というこれだけの意味を内包していることが判りました。このことが判ると事例 (23) には，何を見いだすことができるでしょうか？　そうですね，「他動詞」・「自動詞」の分類は「力動性の伝達」の有無を基準にしていましたから，「格」と呼ばれるものとの対応を考えると，(23a) の「声を聞く」と (23b) の「ジャズを聴く」及び (23e) の「先生に訊く」は，

「他動詞」として分類できるかも知れませんが，(23c) の「あまり効きません」及び (23d) の「気が利く」は，「自動詞」として分類されることになるでしょうか。こう分類したとき，何か決定的なことに気が付きませんか？ もう一つ事例を増やしてみますから，見抜いてみてください。

(24) a. 空を飛んでみたい。

　　 b. 廊下を走ってはいけません。

　　 c. 少し公園を歩いてきました。

　　 d. 叱られている間，彼は外方を向いてました。

　　 e. 大通りを通ってきました。

　　 f. 焼額山の斜面を滑ってきました。

　　 g. 飛鳥川は奈良盆地西部を流れています。

　　 h. 馬が草原を駆け抜けていきます。

　　 i. ここからは琵琶湖を見渡すことができます。

**《見抜き㉑》**

　(23a) の「声を聴く」及び (23b) の「ジャズを聴く」においては，「聞く・聴く」という「自動詞」と分類されてもよいものが，「対格」を標識すると言われる「を」取っています。同じく，(24a-i) の「飛ぶ・走る・歩く・向く・通る・滑る・流れる・駆

け抜ける・見渡す」という「自動詞」と分類されるべきものも，「対格」を標識すると言われる「を」取っているのです。おかしくはありませんか？「を」が「対格」を標識する「格助詞」であるならば，「を」を取るのは「他動詞」でなければならないはずです。ところが実際は上で見てきたように，「自動詞」と分類される動詞の多くが，「対格」を標識するとされる「を」を取っているのです。これらのことが表している言語事実は，これまでも見てきたように，**日本語においての動詞の分類に「他動詞」及び「自動詞」という英語の品詞カテゴリは妥当していない**ということです。これまでの日本語文法の根底を覆すことを言っているように思われるかも知れませんが，合理的・論理的に論証を進めれば，この結論を得ることになるのです。

　なぜこんなことになっているのでしょう？　さんざん見抜きを行ってきたみなさんには，お判りになっていることかも知れませんね。簡単でした。**「客体化」論理によって文法・構文を創発させている英語を含む近代ヨーロッパ標準諸語の文法・構文のカテゴリを，無理やり日本語に押し付けている**からです。近代ヨーロッパ標準諸語にある文法・構文のカテゴリが，日本語にも妥当するはずだという根拠のない前提に立って日本語を分析しているからに他なりません。何度も言いますが，ある言語を分析し，その言語の文法・構文について述べるのならば，その言語の論理（事態把握の在り方・認知モード）に沿って述べる必要があります。つまり，**ある言語の文法・構文（語彙を含みます）について何かを述べるのならば，まず，その言語の論理（事態把握の在り方・認知モード）を明らかにしなければなりません。**言語学の研究において，当該言語の論理（事態把握の在り方・認知モード）

152

を明らかにすることのない文法・構文・語彙についての言説は，すべてその方向性を誤ってしまいます。その典型例が，これまでの日本語文法に関わっての言説だったのです。

　話を戻しますが，日本語は「格助詞」の「を」が「対格」を担っているから「対格言語」であるとか，日本語の動詞も英語と同じように「他動詞」・「自動詞」に分類されるとかいう言説は，そもそも初めからオリエンテーションが間違っているのです。これまで見てきたように，「主語」・「目的語」・「他動詞」・「自動詞」・「時制」・「態」・「形容詞」が英語において創発している根本的な認知メカニズム・認知動機を明らかにすることなく，思考を停止したまま，これらの文法・構文カテゴリが日本語にも妥当するという前提を採ったところから，釦（ぼたん）の掛け違いが起こっているのです。どうですか？　過激な結論のように見えますが，みなさんには納得できるものですか？　筆者はこうした結論に達したとき，当初は戸惑いましたが，今では結構平気です。事実を事実として認めるだけで良いことですから。「日本語って，ああそういう言語だったんだね」と認めてあげるだけで良いのです。言語に優劣なんてないですし，日本語は知れば知るほど，素敵な言葉ですから。

### 3.2.3.3.　日本語における「格」の不在：「を /o/」と「に /ni/」の正体

　ここまで来ましたから，ついでに日本語の研究者たちを悩ましてきた「格助詞」と呼ばれる「を」と「に」の問題も解いておきましょうか。日本語の「格助詞」とされる「を」と「に」が，どのような認知動機で創発しているのかを見抜いてください。ただし，この問題を解くに当たって，みなさんはすでに武器を持っておら

れます。ひとつは，日本語がどのような論理に依拠して文法・構文カテゴリを創発させているかを知っておられることです。もうひとつは，英語の論理で日本語を分析・記述すると，間違った結果を得てしまうことを知っておられることです。ここまでの事例と次の事例を分析することで，見抜いてみましょう。

(25) a.　山を登る ⇔ 山に登る

　　 b.　夢を見る ⇔ 夢に見る

　　 c.　空を描く ⇔ 空に描く

　　 d.　飛行機を変更する ⇔ 飛行機に変更する

　　 e.　水を流す ⇔ 水に流す

　　 f.　山里を行く ⇔ 山里に行く

　　 g.　奈良街道を進む ⇔ 奈良街道に進む

《見抜き㉒》

<br>
<br>
<br>
<br>
<br>

　どうでしょうか？（25a-e）あたりまでは，「他動詞」の「登る・見る・描く・変更する・流す」に対して「を」が使われていると言えそうですが，（25f, g）においては「自動詞」の「行く・進む」に対して「を」が使われていることになりますから，(24a-i) と同様，ここでも日本語の「を」は「対格」を担う「格助詞」という定義は崩れてしまいます。「に」に関しても (25a, c, f, g) の

「山・空・山里・奈良街道」は場所を表していそうですし，(25b, d) の「夢・飛行機」は対象を表していそうです。(25e) の「水」は手段なのか結果なのか，よく判りません。さあ，どう考えたらよいのでしょうか？

　合理的・論理的な説明は次のようになるかと思います。**動詞が表す事象 (event) の創発動機として，事象に「心身の接触」[6]が前景化される場合には「を」が用いられ** ((23a, b)，(24a-i)，(25a-g) の左文)，**「帰結」が前景化される場合には「に」が用いられる** ((23c, e)，(24a-g) の右文)。このように見抜いてやると，なぜ日本語の「を」が，表面上「自動詞」のように見える動詞の場合でも使われるのかが理解できます。また同様に日本語の「に」も，「他動詞」構文の「与格」として用いられる文法カテゴリではなく，「帰結」が前景化されている事象の場合，「受け身文」における動作主や，場所や，目的や結果も含む文法カテゴリだと理解されるのです。

(26)　a.　花火を見に行きました。→「行く」という事象が「花火を見る」に帰結。

　　　b.　父に叱られました。→「叱られる」という事象が「父」に帰結。

　　　c.　過ぎ去ったことは水に流しましょう。→「流す」という事象が「水」に帰結。

　　　d.　彼に会ってみたいです。→「会う」という事象が「彼」に帰結。

---

　[6]　通時的に，「心身の接触」から「場所・対象」へと意味拡張されていきます。

  e. 昨日，図書館に本を返しました。→「返す」という事象に「本」が心身の接触対象になっており，「図書館」に帰結。

  f. その後，彼は優れた教師になりました。→「なる」という事象が「教師」に帰結。

 日本語の「を」にしても，「に」にしても，英語のように事象を構成する項と項の「客体的」な関係を示す「格」ではなく，「主体化」論理によって事象が創発する上での認知的動機の標識辞（認知マーカー）になっていたのです。どうでしょう，納得のいく説明になっていましたでしょうか？ もっと通時的側面から論証していく必要があるのですが，多くのデータを示しながらの話になるかと思いますので，ここにおいては今後の課題として残しておきたいと思います。ただ，もし「主格」を担うと言われている「が /ga/」が，「水が飲みたい」や「休暇が欲しい」や「参加できないことが寂しい」などのように，なぜ対象と思えるものの標示に使われたり，「形容詞（知覚様態詞）」と呼ばれるものに先立って使われたりすることができるのかを知りたいならば，拙著『認知言語類型論原理』を読んでみてください。そこでも，日本語で「助詞」とカテゴライズされてきた「提題」を担うとされる「は /wa/」の創発理由と共に，「主格・主語」を担うとされてきた「格助詞」の「が /ga/」の創発理由も知っていただけることになります。

### 3.3. 第3章のまとめ

ここでも，ここまで見抜いてきたもの及び論証してきたものを
まとめておきましょう。

① 英語における「能動態（Active Voice）」とは，「力動性
の伝達」という事態把握が文法・構文として創発したも
のである。

② 「力動性の伝達」という事態把握においては，力動性の
「始発項」，「伝達項」，「到達項」が事象を構成し，伝達
が完遂される場合には S＋Vt＋O2＋O1 という構文を
採り，完遂されない場合には S＋Vt＋O(1)＋to＋O(2)
という構文を採る。

③ これらの対となる「受動態（Passive Voice）」とは，「力
動性の伝達」結果からの「遡及的把握」が文法・構文と
して創発したものである。

④ 「受動態構文」に用いられる前置詞 by は，「力動性の伝
達」における行為者の存在を示すと共に，「遡及的把握」
における限度（始発項）を示す。

⑤ S＋Vt＋O(1)＋to＋O(2) 構文における項と項の間に挿
入される前置詞 to は，「力動性の伝達」の方向を示すと
共に，項と項の間に認識論的距離が生じていることを表
す。

⑥ この項と項との間の認識論的距離を表す前置詞 to が，
動詞の原形に付与されて to 不定になる場合は，主動詞
と to が付与された動詞の原形（to 不定詞）との間に認

識論的距離，すなわちここにおいては時間差があること
が含意される。

⑦　したがって，使役動詞 make・have・let＋存在対象＋原
形不定詞の構文及び知覚動詞＋存在対象＋原形不定詞の
構文においては，使役・知覚行為と存在対象が原形不定
詞する行為との間に，時間差は含意されていない。

⑧　逆に，使役動詞 get や force・cause・order・ask・per-
suade・convince・allow・permit 等の一般動詞＋存在
対象＋to 不定詞の構文の場合は，これらの動詞による
行為と存在対象が to 不定詞する行為との間には，時間
差が含意されている。

⑨　受動態とは，能動態における力動性の順次伝達行為が完
了し，その完了時点から遡る事態把握のことを指す。

⑩　このことを理由として，使役動詞構文または知覚動詞構
文なりが受動態の形態を採る場合，遡及する事態把握の
在り方と順次進行する事象との間には相反が生じてい
る。その相反を示すため，つまり事象は時間軸において
順次（未来方向）であることを示すために，原形不定詞
が to 不定詞へと変化させられる。

⑪　日本語での「受動態」構文に用いられるとされてきた
「れる・られる」は，「力動性の伝達」の遡及的把握を表
すものではなく，**「事象生起の不可避性・非制御性」**と
いう事態把握が文法・構文として創発したものである。

⑫　これを理由として，「れる・られる」は自発・可能・受
け身・尊敬・不可避・非制御を表すための動詞活用語尾
として用いられる。

⑬　日本語にはもともと**「原音動詞」**というものが存在し，それは「音＝意味」という**「音象徴」**原理の基に多様な意味を内包するものであった。その「原音動詞」に中国の文字が適用される中で，「原音動詞」の意味が細分化・固定化され，現代日本語の動詞が成立している。

⑭　したがって，日本語は英語のような「力動性の伝達」という解釈・事態把握を母体として「他動詞・自動詞」といった品詞カテゴリを創発させてはいない。日本語の動詞はその創発動機を明らかにすることで，「他動詞・自動詞」以外の品詞カテゴリにおいて分類されなければならない。

⑮　日本語の「態」という文法カテゴリが，「力動性の伝達」という解釈・事態把握を母体にしていないのであれば，日本語に「能動態・受動態」といった文法カテゴリを適用することはできない。日本語の「態」もその創発動機を明らかにすることで，「能動態・受動態」以外の文法カテゴリにおいて分類されなければならない。

⑯　日本語に「他動詞・自動詞」といった品詞カテゴリを適用することができないのであれば，また，「能動態・受動態」といった文法カテゴリも適用することができないのであれば，日本語に「主語・目的語」といった文法カテゴリは妥当してない。

⑰　日本語で「対格」を表すとされる「を」は「格助詞」ではなく，事象生起に**「心身の接触」**が認知的動機となっている場合に使われる認知標識辞（認知マーカー）である。

⑱　同様に，「与格」を表すとされる「に」も「格助詞」では

　　　なく，事象生起に**「帰結」**が認知的動機となっている場
　　　合に使われる認知標識辞（認知マーカー）である。

　どうでしょう。ここでも，これまで学校で習ってきたことを
覆<sub>くつがえ</sub>すようなことばかりを述べていますが，これらのことはあな
たにとって，合理的・論理的な結論になっていますでしょうか？
たぶん，突きつけられているのは，思考の前提になってきたこれ
までの枠組み（「パラダイム」と呼ばれます）が覆される状態のと
き，あなたはどうしますかという問題なのだと思います。反感を
覚える，もしくは敵意を持つ，それとも面白いと思うのかという
ことではないでしょうか？ ガリレオもかつて，'E pur si muove'
とつぶやいたそうですが，ここで述べていることを日本の若い人
たちが面白がってくれるようであれば，今後の世界史の中でも日
本は生き残って行けるかも知れません（？）。ただ摩擦があろう
とも，適切な手立てを採るだけの胆力を日本人がもはや有してい
ないのならば，この国が歴史の舞台から姿を消す日は近いのかも
知れませんね。

# 第4章

「主体化」論理って日本語固有のものですか？
―英語の中の「日本語」―

どうでしょう，ここまで言語学におけるいくつかの難問（文法とは何なのか？）を取り扱ってきました。判明したことは，ある言語の文法や構文（語彙）を研究する際には，他の言語（典型的には英語を含む近代ヨーロッパ標準諸語）で認められている文法カテゴリが当該言語にも妥当しているという思い込みで，研究を始めてはならないということでした。当該言語がどのような論理（「認知モード」）によって事態把握を図っているのかを解明しながら，その言語に創発している文法・構文（語彙）を見て行く必要があるという，非常にあたりまえで健全な帰結でした。ただ，この非常にあたりまえで健全な帰結を無視することで学術ビジネスが行われているのが，言語学界の現状でもあります。権威主義がまかり通っているのは，言語学の分野に限らず，どの分野でも同じことかも知れません。

さて，この本での最終章となる第4章においては，ここまで解明してきた**日本語の「主体化」論理・「主体化の認知モード」による事態把握**が，日本語独自のものであるのかを見ていきたいと思います。みなさんは，意外なことを発見されるかも知れません。

## 4.1. 英語における「中間構文（Middle Construction)」の存在

教科書に出てきていても教えられることがないので，あまり馴染みのないものだと思いますが，英語には「中間構文」というも

のが存在します。この「中間構文」というのは不思議な構文で，従来の英語の文法を適用しても，上手く説明できない構文なのです。

　二枝（2011）という研究者は，近代ヨーロッパ標準諸語等の構文を分析することで，「中動態（middle voice）」での事態把握の認知的特徴には，「主語／目的語」及び「他動詞／自動詞」という文法カテゴリの「融合現象」が観察されることを述べています。

　　　態は形の上の違いで，主語の動作への関与を表わし，エネルギーの方向性の違いをも示している。能動態に対して中動態・受動態では主語の行為への関わり方は他動的ではなく自動的であり，自動詞化にその特徴がある。つまり，主語は典型的な動作主としては関与せず，動作主性があると同時に受影性もある。言語によって異なるが，これを再帰構文，「受動態構文」，中間構文などで表わす。「受動態構文」，中間構文も大きな枠組みでは自動詞構文である。どの構文を用いるかによって話者の事態の捉え方が反映される。

　　　　　　　　　　　　　　　　　　　　　　　（二枝（2011: 186））

　ちょっと難しく述べているように見えるかも知れませんが，上記で二枝が述べているのは，「中動態」においては「主語／目的語」及び「他動詞／自動詞」という文法カテゴリが融合しているような状態で構文として創発しているということです。それでは「中動態・中間構文」というのがどのような構文なのか，事例を見ていくことにしましょう。下記の事例が「中間構文」と呼ばれているものになります。

(1) a. This metal hammers flat easily.

　　b. The movie watches easily.

　　c. This car drives with the greatest of ease.

　　d. This wine drinks like it was water. (van Oosten)

　　　　　　　　　　　　　　　　(Goldberg (1995: 182–183))

　　e. That flower cuts.

　　　　（2歳8ヶ月の子どもが庭の花を見ながら）

　　f. This can't squeeze.

　　　　（子どもがゴム製の小さな玩具を握りながら）

　　　　　　　　　　　　　　　　(Clark (2001: 396–397))

　　g. The car drives smoothly.

　　h. The ice-cream scoops out easily.

　　i. This poem doesn't translate.

　　j. The food won't keep.

　　k. The dirt brushes off easily.

　　l. I don't photograph very well.

　　　　　　　　　　　　　　　　(Taylor (2002: 434))

　　m. This knife cuts easily.

　　n. This pen writes smoothly.

　　　　　　　　　　　　　　　　（谷口 (2004: 71)）

　　o. These cookies eat crisp.

　　p. This situation feels slightly strange.

　　q. Things don't feel good.

　　r. My head feels heavy.

実は，上記の事例以外にも，「中間構文」というのは広告文に

も多用されるという特徴があります。その事例の意味取りは少し
難しいので,日本語訳も付けておきます。

(1) s.　The Coolpix, although not a thing of beauty, han-
　　　dles easily and gives superb results.
　　　⇔ Coolpix は,見た目は美しくありませんが,取扱
　　　　いが簡単で,最高の結果を齎（もたら）してくれます。

　t.　the saw cuts well and the blades (Starret Bi-Metal)
　　　last.
　　　⇔ その鋸（ノコギリ）は良く切れ,(Starret Bi-Metal の)刃も長
　　　　持ちします。

　u.　Convert between all audio file types easily from
　　　one format to another with all possible settings.
　　　⇔ すべてのタイプのオーディオ・ファイルが,どの
　　　　ような環境下でも,あるフォーマットから別の
　　　　フォーマットへと変換できます。

　v.　This car drives easily.
　　　⇔ この車は運転が簡単です。

　w.　The stroller folds easily and compactly, and it can
　　　be carried with one hand with the carry strap.
　　　⇔ そのベビーカーは簡単にコンパクトに折り畳め,
　　　　キャリー・ストラップによって片手で持ち運びが
　　　　できます。

　　　　　　　　　　　　　　　　　(Sakamoto (2007: 49-50))

　さて,ここで見抜きです。上記の事例(1a-w)から,可能な
限りの「中間構文」の特徴を書き出してください。事例は決して

166

多いものではありませんが，それでも見抜けることが 10 程度は
あるかと思います。

**《見抜き㉓》**

---

## 4.2. 「中間構文 (Middle Construction)」の特徴

　どうでしょう，特徴をいくつ書き出されましたでしょうか？
どうやら「中間構文」には，次のような特徴を見いだすことがで
きそうです。

① この構文の「時制」は「現在形」となっている。
② 事例においては，「主語」位置に道具・食べ物・状況等
　が来ている。
　(c) (g) (w) car, (d) wine, (h) ice-cream, (j) food,
　(m) knife, (n) pen, (o) cookies, (p) situation, (q)
　things, (s) Coolpix, (t) saw, (w) stroller
③ 本来「目的語」位置にくるべきと思われる対象が，この
　構文においては「主語」位置に現れる。
④ 「目的語」位置に来るべきものが「主語」位置に現れるた
　め，本来「他動詞」である動詞が「自動詞」に変容する。

(a) hammers, (b) watches, (c) (g) (w) drives, (d) (w) drinks, (e) (m) (u) cuts, (f) squeeze, (c) (g) (w) drives, (h) scoops out, (i) translate, (j) keep, (k) brushes off, (l) photograph, (n) writes, (o) eat, (p) (q) (r) feel, (s) handles, (u) convert, (w) folds

⑤ 副詞・副詞句が付随することが多い。

(a) (b) (h) (k) (m) (o) (s) (u) (v) (w) easily, (c) with the greatest of ease, (g) (n) smoothly, (t) well, (w) compactly

⑥ 全体的に経験が述べられているように感じられる。

⑦ 「主語」位置に来ているモノの性質や属性を表しているような印象も受ける。

⑧ 「定冠詞」の the や「指示形容詞」の this, that, these 等が使われることが多い。

⑨ 幼い子どもたちも使う構文のようである。

⑩ 「助動詞」が使われる場合は否定形が多いようである。

⑪ 日本語に翻訳してみると、「れる・られる」の表現になることが多い。

⑫ 「れる・られる」と訳せることから、「動作主」の立場からはこの構文は「可能」の意味を持つことになり、「被動作主」の立場からはこの構文は「受け身」の意味を持つことになる。

⑬ ⑫における日本語の訳から、この構文には「可能」と「受け身」の両方の意味が含まれているように感じられる。

⑭ 日本語に翻訳してみると、翻訳された日本語がそのまま

168

　　英語になっているような印象を受ける。

　⑮　広告文での使用頻度も高いようである。

　どうでしょう，みなさんが見いだされたものといくつ重なって
いたでしょうか？　特に⑪・⑫・⑬・⑭番目に気付かれたのであ
れば，みなさんは言語学的に鋭いセンスをお持ちなのではないか
と思います。将来，言語の研究を志されるのもありかと思いま
す。参考になるように，事例（a）から（r）までの和訳も付けて
みます。

　(1)　a.　This metal hammers flat easily.
　　　　　　⇔ この金属は簡単にハンマーでたたき伸ばせる。

　　　　b.　The movie watches easily.
　　　　　　⇔ その映画は気楽に見られる。

　　　　c.　This car drives with the greatest of ease.
　　　　　　⇔ この車はとても運転しやすい。

　　　　d.　This wine drinks like it was water. (van Oosten)
　　　　　　⇔ このワインは水のようにごくごく飲める。

　　　　　　　　　　　　　　　(Goldberg (1995: 182–183))

　　　　e.　That flower cuts.
　　　　　　（2歳8ヶ月の子どもが庭の花を見ながら）
　　　　　　⇔ あの花切れるよ。

　　　　f.　This can't squeeze.
　　　　　　（子どもがゴム製の小さな玩具を握りながら）
　　　　　　⇔ これ絞れない。

　　　　　　　　　　　　　　　(Clark (2001: 396–397))

　　　　g.　The car drives smoothly.

⇔ その車は運転しやすい。

h. The ice-cream scoops out easily。

⇔ そのアイスクリームは簡単に掬える。

i. This poem doesn't translate.

⇔ この詩は訳せない。

j. The food won't keep.

⇔ その食べ物は長持ちしないだろう。

k. The dirt brushes off easily.

⇔ その埃は簡単にブラシで落とせる。

l. I don't photograph very well.

⇔ 私は写真映りが良くない。

(Taylor (2002: 434))

m. This knife cuts easily.

⇔ このナイフはよく切れる。

n. This pen writes smoothly.

⇔ このペンは良く書ける。

(谷口 (2004: 71))

o. These cookies eat crisp.

⇔ このクッキーは，ばりばり食べられる。

p. This situation feels slightly strange.

⇔ この状況は，ちょっと変な感じがする。

q. Things don't feel good.

⇔ 情況は良くない（うまく行っていない）。

r. My head feels heavy.

⇔ 頭が重い。

どうでしょうか，上記のような訳になっていましたでしょうか？　事例（11）の 'I don't photograph very well.' は，写真を見ながらの科白，「自分は写真写りが良くない」という意味だったのですね。つまりこの 'I' は写真に写っている 'I' であり，同時に写真を見ている 'I' でもあったのです。さて，ここで最後の見抜きを行ってみましょうか。上に挙げた「中間構文」が持つ①から⑮の特徴から，英語の「中間構文」の創発動機・メカニズムを説明してみてください。最終ヒントも**「意味（事態把握）が形式（文法・構文）を要求し，形式（文法・構文）とは類像性を介した意味の創発である」**です。ただし，ここではもう一つ，見抜き思考の手掛かりを用いてみることにします。ここで用いるのは，認知心理学や現象学で良く引用される**「ルビンの盃」**というものです。図表19を見てみてください。何が見えるでしょうか？　白地に注意を向けると「盃」が見えると思います。ところが黒地に注意を向けると「顔」が見えます。面白いのは**注意が向けられる前はそれぞれ「地（意味が認識されない存在）」であったもの**が，**注意が向けられた瞬間に，それが「図（意味が認識される存在）」に反転する**ことです。さらに，**「図」として認識されるのは，「盃」か「顔」のどちらかだけで，同時に両方が認識されることはない**ことです。ここまでは認知心理学でもよく述べられていることなのですが，筆者がさらに面白いなと考えているのは，「図」が「図」として認識された段階で，その後ろ側で「地」自体が「図」になり得る「意味（概念）」を獲得していることなのです。

図表19：「ルビンの盃」[1]　　図表20：「図」と「地」[2]

　図20を用いて述べるならば，黒地がチェスの駒であるかのように
なっている場合に，白地が向き合う人物たちという「意味
（概念）」を得ているのです。つまり**「ルビンの盃」とは，「図」と
「地」の反転によって「意味（概念）」が生じますが，片方が「図」
になると同時に，片方にも背景化された意味・概念が生じる認知
のあり様が視覚化された事例**なのです。

　こうしたことを道具立てにして，「中間構文」の創発理由を見
抜いてみてください。ここまで培ってきたみなさんの「見抜く力」
を最後，爆発させてみてください。

---

[1] John Smithson（2007）en.wikipedia https://commons.wikimedia.org/w/index.php?curid=13901986 による

[2] Diarb（2008）en.Wikipedia
https://commons.wikimedia.org/w/index.php?curid=26781298

《見抜き㉔》

（空欄の表）

## 4.3. 「中間構文（Middle Construction）」創発の認知メカニズム

　①から⑮までを一貫した論理で説明できましたでしょうか？
またその説明は，合理性において自身を納得させられるものだっ
たでしょうか？

　私たちはすでに英語の 'adjective' と日本語の「**知覚様態詞**」
の事例分析から，以下のような「認知モード」図を手に入れてい
ました。

図表3：文法に現れる事態把握の在り方（言語論理）（再掲）

### A. 英語の事態把握の在り方（言語論理）と言語形式

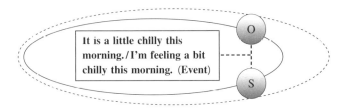

## B.　日本語の事態把握の在り方（言語論理）と言語形式

S = Subject of conceptualization（概念化者）

O = Object of conceptualization（概念化の対象）

　実は，英語の「中間構文」という言語現象は，日本語のこの「主体化の認知モード」による事態把握・解釈が，英語の言語形式（文法・構文）に創発している現象なのです。妥当性があるのか，見て行くことにしましょう。

　日本語の「主体化の認知モード」においては，認知の主体と対象が認識論的距離を持たない様態で事態把握・解釈されていました（「主体と対象の合一化：主客合一」）。認知の主体と対象が認識論的距離なく「主体化」論理で把握・解釈されることで，言語形式においては認知対象が「主題」として前景化されることになります。なぜならば認知・認識を行っているのは主体であり，このことは認知・認識という精神活動が成立する上での前提要件となりますから，通常はわざわざ主体が前景化される必要はないの

174

です。認知の「場」として背景化された様態で認知主体は存在しています。[3]

--------------------

[3] ラネカーという学者は次のように述べていますが，英語が難しいのでここは飛ばしてもらっても大丈夫です。

Grounding thereby reflects the asymmetry between the **subject** and **object** of conception: that is, the conceptualiz**er** and what is conceptualiz**ed**. The subject and object roles are two facets of a conceptualizing relationship, sketched in figure 9.1. The subject (S) engages in conceptualizing activity and is the locus of conceptual experience, but in its role as subject it is not itself conceived. An essential aspect of the subject's activity is the directing of attention. Within the full scope of awareness, S attends to a certain region—metaphorically, the "onstage" region—and further singles out some onstage element as the focus of attention. This, most specifically, is the object of conception (O). To the extent that the situation is polarized, so that S and O are sharply distinct, we can say that S is construed **subjectively**, and O **objectively**. S is construed with maximal subjectivity when it functions exclusively as subject: lacking self-awareness, it is merely an implicit conceptualizing presence totally absorbed in apprehending O. Conversely, O is construed with maximal objectivity when it is clearly observed and well-delimited with respect to both its surroundings and the observer.

グラウンディングは概念の**主体**と**客体**間の非対称を反映している。すなわち，**概念化者**と**概念化されるもの**である。主体と客体の役割は，図9.1として概略化された概念化の関係に見いだされる2様相である。主体（S）は概念化活動に携わり，概念的認識経験の中心に位置しているが，その主体としての役割において主体自体の存在に意識が向けられることはない。主体が行う認知活動の本質的な様態は，意識の方向付けにある。認識範囲の最大限度内で主体は特定の領域に関心を向け，――この領域を隠喩的に表現すれば「オンステージ」領域となり――さらに意識の焦点としてオンステージの何らかの要素を選出する。厳密化すれば，この意識の焦点が概念化における客体（O）である。概念化が分極化された状態になると，S（主体）及びO（客体）は明確に分離し，S（主体）は**主体（主観）的**に解釈されることになり，O（客体）は**客体（客観）的**に解釈されることになる。S（主体）がもっぱら主体として機能しているとき，S（主

　「中間構文」においては，この「主体化」論理による様態によって事態把握・解釈が行われているので，英語の「客体化の認知モード」での事態把握・解釈であれば本来「目的語」位置に来るべき対象が，「主体化」論理による前景化により「主語」位置に来ることになります。そして認知主体は認知の「場」として背景化された様態で存在しているのですが，この構文が表す事象において，認知主体の意識は能動的であるため，その意識が「他動詞」の使用を求めることになります。認知主体が認知の対象に働きかけていることを「他動詞」が示しているのです。このことから「中間構文」においては，背景化されている認知主体の能動的な働きかけと，前景化されている認知対象の受動的な状態が，同時合一的に表現されることになります。このことが，「中間構文」の日本語訳に「れる／られる」が使用される理由となっています。つまり，「中間構文」の中に「動作主」の能動的働きかけを「可能」の意味として創発する事態把握と，「被動作主」の受動的影響を「受け身」の意味として創発する事態把握が，日本語訳の「れる／られる」の中で主客合一的に創発しているのです。

　前景化された認知対象が主題として「主語」位置に来たことか

---

　　体）は最大限の主体（主観）性を伴って解釈されていることになる。つまり自意識のない状態で，主体は単に O（客体）の把捉に同化しきった潜在的な概念化者として存在している。このことを逆に述べると，O（客体）がはっきりと観測され，環境と観測者の両方から十分に区分されている場合，O（客体）は最大限の客体（客観）性を伴って解釈されていることになる。

(Langacker (2008: 260))

　よく判らない説明になっているかと思いますが，言語学の専門家でないみなさんが，「この説明は良く判らない」と言われることが健全だと思います。

176

ら，「他動詞」は「自動詞」に転化することになります。なぜなら
ば英語の「他動詞／自動詞」の区別は，語順形式の制約から生ま
れている文法カテゴリですから，本来「目的語」であるものが
「主語」位置に就いてしまうと，動詞が「目的語」を取れなくなっ
てしまい，その動詞は「自動詞」とカテゴライズされる他ないの
です。また認知主体のこの事態に対する心的評価が，典型的に
「副詞」や否定形の「助動詞」という形態によって創発することに
なります。'cuts easily（よく切れる）'とか'write smoothly（書き
心地がよい）'とか'don't photograph very well（写真写りがよくな
い）'等がそのことを表しています。

　身体条件として合一化の起きやすい対象は食べ物とか道具や状
況になりますので，「中間構文」の「主語」位置には食べ物や道具
や状況が来ることが多くなります。また，合一化は認知主体が対
象を意識に取込んで起きる現象であり，意識の流れは常に「イマ」
しかありませんから，「時制」においては「現在形」を取ることに
なります。さらに認知の対象と主体とが不分離な状態は，人間の
認知発達の初期段階に観察される現象でもあり，「中間構文」の
使用頻度が英語を母語とする幼い子どもたちの間で多いことも理
解できます。そして「中間構文」は道具や食べ物を主語位置に置
きながら，それらに対する使用経験を介した認知主体の評価・判
断を「動詞」と「副詞」に込めることができますから，あたかも
その道具の性能や性質を語っているかのような体裁を取ることが
できます。これを理由として，「中間構文」は広告に使われる頻
度が高くなるのです。どうでしょう，論理的に首尾一貫した説明
になっていますでしょうか？

　事象というのは図表3Bのように，元々は「主客」の分離がな

い（「主体化」された）状態で把握されているのですが，英語のような言語の場合，事象が言語（構文・文法カテゴリ）として創発する場合は「ルビンの盃」のように「図」と「地」に分離する認知メカニズム（図表 3A の様態）で創発することになります。ただし英語においても**「中間構文」のレベルでは，事態把握（意味）が「ルビンの盃」における「図」と「地」に分離・反転することなく，同時に構文・文法カテゴリとして創発しているのです。英語の規範的な文法・構文では許されない認知「対象」の前景化・背景化と認知「主体」の前景化・背景化が，ひとつの構文の中で融合的に生じているのです。これを理由として，「図」である認知対象・「被動作主」側から解釈されれば「受け身」文，「地」である認知主体・「動作主」側から解釈されれば「可能」文の意味が，「中間構文」において主客合一的に創発していたのです。**

## 4.4. 第4章のまとめ

ここまでの分析において判明したことは，以下のようなものでした。

① **英語における「中間構文」とは，「主体化の認知モード」による事態把握が英語の形式制約の中で創発したものである。**それを理由として，

② 事例において，「主語」位置には経験を介して身体の延長として捉えることが可能な（つまり「主体化」しやすい）「道具・食べ物・状況等」が来やすい。

③ 「主体化」は認知主体の意識の中で生じる現象であり，

178

意識の流れは常に「イマ」しかないことから，「中間構文」において時制は基本的に現在形となる。

④ 「主体化」の認知モードによる事態把握であるため，「中間構文」においては英語形式において本来「目的語」位置に来るべき認知の「対象」が，この構文においては「主語」位置に現れる。

⑤ 「目的語」位置に来るべきものが「主語」位置に現れるため，本来「他動詞」である動詞が「自動詞」に変容することになる。

⑥ 「対象」に対する「主体」の経験を介しての判断を表すことから，副詞・副詞句が付随することが多い。また，「助動詞」が使われる場合は否定形が多い傾向を持つ。

⑦ 経験を介しての「主体」の判断や評価が，「主語」位置に来る「対象」に付随して「自動詞化」した「他動詞」によって述べられるため，表面上「対象」の性質や属性を表しているような効果を生み出す。

⑧ この効果から，「中間構文」は広告に使われやすい。

⑨ 「主体」の経験を介しての事態把握の創発になるため，「定冠詞」の the や「指示形容詞」の this, that, these 等が使われることが多い。

⑩ 「中間構文」は，「主客分離」の認知モードによる事態把握が十分に定着していない，認知発達の初期段階の英語を母語とする幼い子どもたちによって使われる頻度が高い。

⑪ 英語の「中間」構文を，同じ「主体化」の認知モードによって事態把握を言語形式（構文・文法カテゴリ）に創

発させている日本語に翻訳してみると，「れる・られる」
の表現になることが多い。

⑫　「れる・られる」と訳せることから，背景化された**「動
作主（「地」）」**からはこの構文は「可能」の意味を持つこ
とになり，前景化された**「被動作主（「図」）」**からはこの
構文は「受け身」の意味を持つことになる。

⑬　すなわち，英語の「中間構文」とは，「ルビンの盃」様態
の事態把握が，「図」と「地」に分離せずに未分化状態で
創発したものである。

　どうでしょう，みなさんの納得が行く説明になっていましたで
しょうか？　大事なのはこれまでの常識を前提とすることなく，
自身の頭で考え抜くことではないかと思います。それが「学び」
の世界において一番大事なことでしょうし，この「学び」の世界
において最も必要とされないものは，世にはびこる権威主義にほ
かならないと思います。

# おわりに

　本に想いを込めていても，みなさんの目に留まらなければ，コミュニケーションは始まりません。みなさんがこの本を手に取り，ページを開いていただき，読んでいただいたことで，「縁起」が生じたのではないかと考えています。

　ただこの「縁起」というものは，残念ながら誰にでも訪れるものではありません。「縁起」を呼び寄せるためには，ある種生きていく上で必須の，嗅ぎ分ける力みたいなものが必要だからです。ここには何か本質的なことが述べられているとか，これを書いている人物は信用できるのかも知れないとか，大事なことを嗅ぎ分けられる直感または感性のようなもの，それが生きていく上で決定的に必要だと，筆者は思っています。そういった嗅ぎ分けの直感や感性が働かなければ，大切なものに出遭っていたとしても，「縁起」は生じないのだろうと思っています。

　残念ながら現代を生きているぼく達は，この嗅ぎ分ける直感や感性を著しく弱まらせてしまいました。その原因は，直感や感性と対の関係となっている知性というものを，衰退させてしまったことに関係があると思っています。直感や感性というのは，何もしなくても生まれながらに備わっているものではないのです。筆者が考え違いをしているのかも知れませんが，どのレベルの知性や教養を備えているかで，そのひとの持つ直感や感性のレベルも異なると思うのです。履き違えて欲しくないのですが，知性や教養というものは，本質的に学歴とは関係がありません。むしろ本

質を見抜く知性や教養を持たない人ほど，自身を正当化するために学歴を盾にする傾向があります。知性とか教養というのは，本来「生きる」ことで深められるべき知見や知恵のことを指すと思うのです。この知性・教養の衰退の結果，日本では学校・会社・学会・共同体といったあらゆる社会相において，紛い物と呼んでも差し支えないような言表や人物が幅を利かせています。あるいは，幅を利かせてきました（このことは，べつに日本だけの問題とは思いませんが …）。そういった社会を少しでも変えたいと願うならば，従来の思考の枠組み（パラダイム）で物事を観察・分析・発想していてもだめだと思うのです。パラダイム・シフト（思考の枠組みの変更）をもたらせるだけの，「イノベイティブな思考法」を身に付ける必要があると考えています。

　筆者は京都府の高校において長らく英語教員として働いてきましたが，ある時，自身の生き方をもう一度考え直さなければならない出来事がありました。書斎の本棚に向かってどうしようかと考え込んでいるときに，ふと目と目が合ったのが『認知言語学原理』という本でした（本も実は人を見つめています）。手に取り読み進めていったある章で，筆者が持っていた問題意識がそのまま具現化されていたのです。筆者はその本の著者に，自分はこのように考えているのですがとメールを出してみました。返事をいただけるか判らなかったのですが，帰ってきたメールには電話してくるようにという一言と電話番号が記されていました。その番号に電話を掛けた最初の会話で，筆者はその本の著者と2時間半に亘って話し込むことになったのです。そしてその著者の方は最後に，「中野くんは周囲に理解されることもなく，孤独だっただろ。だけど，志を同じくする者は魂が呼び合うんだよ」とおっ

しゃったのです。その著者は山梨正明というお名前でした。

　筆者は自身の人生の中でこの先生と出会うことがなければ，認知言語学の世界に身を投じることはなかっただろうと思います。山梨先生との出会いの中でもいろいろなことがありましたが，それでも凄いなと感じるのは，研究を研究者の肩書や社会的地位で判断されないことでした。大学院生であっても，高校の教員であっても，大学教員であっても，山梨先生の関心は研究の内容と水準にあったのです。この本においていくつかの課題はページ数の関係から先送りにしましたが，最後にこのエピソードを記しておきたいと考えました。その理由は，理解されずに孤立していても，正しい方向でみなさんが努力を続けているのならば，必ずみなさんのことを見いだしてくれる人物に出会える日が来ると，伝えたかったからです。天命を知り，それに生きることを決めたのであれば，縁起は必ず生じますと伝えたかったからです。

　コロナ禍やロシアのウクライナ侵攻の過酷さを目にする状況にあって，生きていくことが辛く感じるときもあるかと思います。それでも世界を悪くしているのが人間であるならば，世界を今よりも良くできるのも人間かも知れません。あなたが見いだされる出会いの日も必ず巡って来ますし，この社会を少しでも良い方向に変えたいと願う人々と，力を合わせて行くことも不可能ではないと，筆者は想い続けています。

　最後に，開拓社出版部の川田賢氏に深くお礼を申し上げます。川田氏にこの拙著を見いだしていただくことがなければ，ここに込めた想いをみなさんにお届けすることは叶いませんでした。人は人によって活かされるのだと思います。

　　2022 年 12 月 1 日　　　　　　　　　　　　　　中野　研一郎

# 参考文献

Clark, Eva V. (2001) "Emergent Categories in First Language Acquisition," *Language Acquisition and Conceptual Development*, ed. by Melissa Bowerman and Stephen C. Levinson, 379–405, Cambridge University, Cambridge.

Croft, William (2001) *Radical Construction Grammar: Syntactic Theory in Typological Perspective*, Oxford University Press, Oxford/New York.

Croft, William and D. Alan Cruse (2004) *Cognitive Linguistics*, Cambridge University Press, New York.

Dixon, Robert Malcolm Ward (2004) "Adjective Classes in Typological Perspective," *Adjective Classes A Cross-linguistic Typology*, ed. by Robert Malcolm Ward Dixon and Alexandra Y. Aikhenvald, Oxford University Press, Oxford/New York.

Edward George Seidensticker (2008) *Snow Country*, チャールズ・イ・タトル出版, 東京.

Goldberg, Adele E. (1995) *Constructions: A Construction Grammar Approach to Argument Structure*, University of Chicago Press, Chicago/London.

川端康成（1952 年，改版 1968 年，2003 年）『雪国』岩波書店，東京.

熊倉千之（1990）『日本人の表現力と個性 ── 新しい「私」の発見 ──』中央公論新社，東京.

熊倉千之（2011）『日本語の深層 ──〈話者のイマ・ココ〉を生きることば ──』筑摩書房，東京.

熊倉千之（2015）『『源氏物語』深層の発掘 ── 秘められた詩歌の論理』笠間書院，東京.

Langacker, Ronald W. (2008) *Cognitive Grammar: A Basic Introduction*, Oxford University Press, Oxford.

Langacker, Ronald W. (2000) *Grammar and Conceptualization*, Mouton de Gruyter, Berlin/Boston.

森田良行 (1995)『日本語の視点：ことばを創る日本人の発想』創拓社, 東京.

中野研一郎 (2017)『認知言語類型論原理——「主体化」と「客体化」の認知メカニズム——』京都大学学術出版会, 京都.

Nakano, Ken-ichiro (2020) "The Research Design of Cognitive Linguistic Typology: Synchronic and Diachronic Analyses of the Emergence Degrees of Modalized and Objectified Construals in Japanese and English,"『研究論集』112 号, 1-15, 関西外国語大学.

二枝美津子 (2011)「構文ネットワークと文法——認知文法論のアプローチ——」『講座：認知言語学のフロンティア 第2巻』, 山梨正明 (編), 研究社, 東京.

日本語文法研究会 (編) (1989)『概説・現代日本語文法——日本語文法の常識』桜楓社, 東京.

沖森卓也 (2010)『はじめて読む日本語の歴史』ベレ出版, 東京.

沖森卓也・山本慎吾・永井悦子 (2012)「古典文法の基礎」『日本語ライブラリー』朝倉書店, 東京.

小野正弘 (編) (2007)『日本語オノマトペ辞典』小学館, 東京.

小野正弘 (2009)『オノマトペがあるから日本語は楽しい——擬音語・擬態語の豊かな世界』平凡社, 東京.

Pryer, Matthew S. (2022) "Order of Subject, Object and Verb," The World Atlas of Language Structures Online.

Rorty, Richard M. (1967 (1992)) *Linguistic Turn. Recent Essays in Philosophical Method*, University of Chicago Press, Chicago.

Sakamoto, Maki (2007) "Middle and Tough Constructions in Web Advertising," *JCLA Conference Handbook* 2007, 49-50.

谷口一美 (2004)「行為連鎖と構文 I」『認知文法論 II』, 中村芳久 (編), 53-87, 大修館書店, 東京.

谷口一美 (2005)『事態概念の記号化に関する認知言語学的研究』ひつじ書房, 東京.

Taylor, John R. (2002) *Cognitive Grammar*, 434, Oxford University Press, New York.

寺村秀夫（1982）『日本語のシンタクスと意味　第 I 巻』くろしお出版，東京.

寺村秀夫（1991）『日本語のシンタクスと意味　第 III 巻』くろしお出版，東京.

内田樹（2008）『街場の教育論』ミシマ社，東京.

内田樹（2009）『下流志向 学ばない子どもたち 働かない若者たち』講談社，東京.

Varela, Francisco J., Evan Thompson and Eleanor Rosch Eleanor (1993) *Embodied Mind: Cognitive Science and Human Experience*, MIT Press, Cambridge, MA.

山口明穂・杉浦克己・月本雅幸・坂梨隆三・鈴木英夫（1997）『日本語の変遷』放送大学教育振興会，東京.

山口明穂・鈴木英夫・坂梨隆三・月本雅幸（1997）『日本語の歴史』東京大学出版会，東京.

山口仲美（2002）『犬は「びよ」と鳴いていた──日本語は擬音語・擬態語が面白い』光文社，東京.

山梨正明（2000）『認知言語学原理』くろしお出版，東京.

**引用・参照文芸作品**

『伊豆の踊子』
『源氏物語』
『古事記』
『更級日記』
『徒然草』
『土佐日記』
『平家物語』
『方丈記』
『万葉集』
『雪国』
Snow Country

**使用辞書**

『大辞林』三省堂　第 3 版

『広辞苑』岩波書店　第 7 版
『学研全訳古語辞典』weblio 古語辞典　https://kobun.weblio.jp/
YourDictionary　https://www.yourdictionary.com/

**参考ウェブ・サイト**
Ken-ichiro Nakano　http://omni-creation.jp/
WALS Online 2022: Chapter 81　https://wals.info/chapter

# 索 引

1. 事項と人名に分け，日本語は五十音順に，英語（で始まるもの）はアルファベット順で並べた。
2. 数字はページ数を表す。

## 事 項

188

190

中野　研一郎　（なかの　けんいちろう）

　1959 年京都府生まれ。1983 年金沢大学法文学部英文学科卒。2012 年京都大学大学院人間・環境学研究科共生人間学専攻言語科学講座博士後期課程単位取得満期退学。博士。現在，関西外国語大学短期大学部 教授。(Home Page) http://omni-creation.jp/index.html

　主な著書・訳書：『認知文法論序説 (Cognitive Grammar: A Basic Introduction)』（共訳，山梨正明監訳，研究社，2011 年），「言語における「主体化」と「客体化」の認知メカニズム――「日本語」の事態把握とその創発・拡張・変容に関わる認知言語類型論的研究――」（京都大学大学院人間・環境学研究科博士論文，2014 年），『認知言語類型論原理―「主体化」と「客体化」の認知メカニズム―』（京都大学学術出版会，2017 年）（日本学術振興会平成 29 年度科学研究費補助金，研究成果公開促進・学術図書，"The Research Design of Cognitive Linguistic Typology: Synchronic and Diachronic Analyses of the Emergence Degrees of Modalized and Objectified Construals in Japanese and English"（『研究論集』112 号，関西外国語大学，2020 年）。

シン・認知文法論入門　　　　　　　&lt;開拓社 言語・文化選書 97&gt;
　―イノベイティブ思考が明かす英語と日本語―

2023 年 3 月 13 日　第 1 版第 1 刷発行

著作者　　中野研一郎
発行者　　武村哲司
印刷所　　日之出印刷株式会社

〒112-0013 東京都文京区音羽1-22-16
発行所　　株式会社　開拓社
電話　(03) 5395-7101（代表）
振替　00160-8-39587
http://www.kaitakusha.co.jp